Música e psique

CB131253

R. J. Stewart

Música e psique

As formas musicais e os estados alterados de consciência

Tradução:
Carlos Afonso Malferari

EDITORA CULTRIX
São Paulo

Título do original:
"Music and the elemental psyche"

Copyright © 1987 R. J. Stewart

Edição	Ano
2-3-4-5-6-7-8-9	96-97-98-99

Direitos reservados
EDITORA CULTRIX LTDA.
Rua Dr. Mário Vicente, 374 — 04270-000 — São Paulo, SP — Fone: 272-1399

Impresso em nossas oficinas gráficas.

Índice

Índice das ilustrações

Agradecimentos

Quero expressar minha gratidão aos que direta ou indiretamente ajudaram a desenvolver e a dar expressão aos dados apresentados neste livro: W. G. Gray, por me apresentar o sistema de "quadrados mágicos" em 1969; Basil Wilby, por publicar e gravar as variantes iniciais para o Helios Bookservice em 1975; Joscelyn Godwin, por tornar disponível a um grande público em 1979 a obra de Robert Fludd e do frei Athanasius Kircher; Adam Maclean, por seu interesse na elaboração das teorias em 1982; e Felicity Bowers por sua paciência sobre-humana em transformar meus esboços grosseiros em ilustrações bem-acabadas em 1985. O apêndice 5, parte 3, foi reproduzido com permissão de Gareth Knight. Devo ainda agradecer a todos os que acompanharam minhas palestras sobre música metafísica e alquímica e que, com suas perguntas, ajudaram a tornar mais compreensíveis as teorias e os diagramas. E sou grato, do princípio ao fim, aos Filósofos Herméticos que ouviram e descreveram a Música das Esferas e à tutela de Hermes Três Vezes Grande.

Pitágoras revela o segredo da música ao poeta

Em um lugar tranqüilo sob uma Árvore espraiada
Sentei-me para repousar. Talvez tenha adormecido,
Pois apareceu-me em pouco um cortejo de Sábios
Vindos da Terra oculta e profunda.
Caminhavam solenes e severos diante de mim,
Liderados pelo maior deles, Pitágoras,
Que se voltou e clamou: "Aprenda!"

A essa ordem, meus olhos mergulharam
Numa Forja, onde os metais renasciam.
Na bigorna, cada golpe dado ressoava
Com um som tão claro como o de uma trompa.
Quatro ferreiros golpeavam a bigorna,
Quatro irmãos da Arte arcana.
Cada um, por sua vez, produzia um som diferente
Sobre um metal diferente que lhe cabia forjar.

Vendo-os dançar, perguntei-me o que seria aquilo. . .
Quatro Artífices, Quatro Metais, Dezesseis Sons,
Um ritmo circular e eterno.
E vislumbrei um Signo antigo, a *tetraktys*,
Entalhado na pedra a seus pés.

Os Números contei então, até Dez.
Mas só Quatro já perfaziam o Todo.
Nesse instante, os Artífices interromperam o trabalho,
E nessa pausa um raio de luz penetrou na oficina.

Por uma fenda estreita na câmara escura o raio se insinuou,
Tornando-se mais forte, como se o sol nascente
Viesse rasgando pela Terra. E, quando foi captado,
Ao refletir-se na substância do trabalho dos Quatro,
o raio fulgurou.
E, quando fulgurou, subiu em espiral e ressoou
Naquele Espaço Confinado,
Até que ousei olhar para Baixo e vi a Bigorna. . .
Meu próprio Rosto!

Despertei, e me vi sozinho,
Sentado, ereto, na clara relva ao sol.
Em minhas mãos eu segurava uma velha pedra áspera,
Como se fosse um espelho.

R. J. Stewart, 1983

Prólogo

Este não é um livro de musicologia comparada; ele oferece um sistema prático de simbolismo musical que pode ser usado para modificar nossa consciência. Nesse sentido, é parte das antigas tradições da magia e da metafísica do Ocidente, nas quais a música desempenha um papel vital.

Nenhuma forma de comunicação é tão sectária quanto a música, embora ela admita ao mesmo tempo a universalidade. Antes de completar este livro, distribuí algumas cópias entre pessoas versadas em música: um especialista em sintetização de sons, um compositor moderno de grande seriedade, um musicólogo acadêmico, um psicólogo e um renomado artista *pop*. Sem exceção, todos se exaltaram com as críticas ou supostas críticas apresentadas aqui com relação a seus campos específicos de trabalho. Entretanto, nenhum desses leitores sentiu que, fora de seu campo, a música estivesse sendo injustamente tratada — ou pelo menos nada disseram. Algumas de suas observações contribuíram para a forma final de apresentação do livro, mas todo o conteúdo, detalhes e dados concretos apresentados são de minha responsabilidade, o que também acontece com as teorias elaboradas ao longo do texto. Não quero que nenhum de meus erros seja atribuído a esses leitores e especialistas.

Outra fonte de muita discórdia foi a discografia; tantas sugestões conflitantes sobre os diversos estágios da discografia foram apresentadas por amigos e peritos do ramo que acabei optando por incluir, com poucas exceções, as mais atualizadas fontes e gravadoras de música especializada, e não títulos específicos. Existe um tipo de armadilha, em que muitos autores que escrevem sobre música e meditação caem, que consiste em transformar as descrições e discografias em meras listas de gravações que, por sua própria natureza, não podem produzir os mesmos resultados em todos os ouvintes. Após muitas deliberações, decidi manter-me afastado ao máximo dessa armadilha. Não acredito que uma gravação qualquer possa, por si mesma, produzir categoricamente mudanças na consciência. . . embora existam tradições de música e alterações na consciência que procurei resumir a fim de possibilitar que fossem praticadas hoje.

(Uma fita cassete com gravações de música vocal e instrumental baseada nas teorias e exercícios desenvolvidos neste livro pode ser obtida na Sulis Music, BCM Box 3721, Londres, WC1N 3XX. Essa gravação inclui composições para um saltério de concerto de oito cordas concebido pelo autor em 1970 e utilizado em diversos discos, peças de teatro, filmes e programas de televisão.)

Introdução

Música e metafísica são um tema vasto e, portanto, um pequeno livro como este é básica e deliberadamente limitado. O principal motivo para escrevê-lo foi a surpreendente inexistência de qualquer método direto que tratasse de alquimia musical, terapia e mapeamento da psique elemental, dirigido ao leitor comum.

Quando descobri pela primeira vez tradições metafísicas e psicológicas na música — tradições conhecidas, no mínimo, desde o século VI a.C. na Grécia —, logo ficou claro que havia um grande número de livros sobre o assunto. Estes abrangiam desde estudos e teses acadêmicas até tratados longos e complexos ou exposições teosóficas renascentistas. Estudos modernos foram realizados por filósofos e pesquisadores esotéricos como Rudolph Steiner, e muitos dos principais livros sobre magia e metafísica incluem seções sobre música. Mas as obras básicas mais importantes são freqüentemente reproduzidas no latim original e, mesmo quando traduzidas, são difíceis de aplicar. Elas podem ser estudadas, comparadas e resumidas como os estudiosos costumam fazer, mas parece haver pouquíssimo que um músico metafísico incipiente possa efetivamente *fazer*. E, o que só contribui para aumentar a irritação: sabemos que as aplicações práticas estão logo sob a superfície, prontas a se manifestar, bastando apenas que a chave certa seja encontrada para libertá-las de seus recônditos grilhões intelectuais.

No extremo oposto dessas obras básicas e das dos grandes filósofos ou metafísicos há uma série de livros populares que delas derivam. Estes parecem copiar, sem qualquer senso crítico e freqüentemente sem precisão, as fontes de referências mais amplas — inevitavelmente sem uma compreensão mais profunda dos princípios subjacentes aos sistemas de correspondência. No que diz respeito à chamada música esotérica, como acontece na maioria dos livros populares sobre "ocultismo", os autores alegre e ingenuamente copiam-se uns aos outros, gerando os disparates mais absurdos e atribuindo a essas tolices uma espúria gravidade hierárquica. A maioria dos estudos superficiais de música esotérica seguiram um modelo histórico ou supostamente evolucionário, deixando o leitor a imaginar o que houve (se é que houve algo) para gerar esse modelo ou dar vida a ele. Jamais nos dão um indício do uso apropriado ou do desenvolvimento da música metafísica dentro de nós mesmos. . . como se ela não fosse um bem da humanidade em geral e, sim, um assunto que é melhor deixar para os anjos, as hierarquias ou os mestres secretos reclusos que supostamente dirigem a evolução humana e inspiram alguns compositores completamente medianos.

Em 1971, escrevi temerariamente um livro chamado *Music and magic,* mas logo ficou claro que ele acabaria como todas as outras obras superficiais sobre o assunto. E, desde essa época, uma série de livros, por demais conhecidos, sobre música e metafísica foram lançados, todos copiados de outros autores.

Na realidade, é extremamente difícil escrever um livro sobre música e consciência sem remontar a terrenos já explorados — ainda que nunca tenham sido tratados com empenho suficiente para inflamar a imaginação do leitor. Não porque haja pouco a ser dito, mas sim por ser surpreendentemente difícil falar sobre esse assunto para o intelecto através da palavra impressa. Meu precipitado sentimento de frustração com as obras publicadas, as grandes e as pequenas, gradualmente foi se transformando em solidariedade para com os autores. . . excluídos, talvez, os meros copistas e os mascates dos mistérios. A tarefa de transmitir música metafísica, mágica ou psicológica ao leitor não é fácil, especialmente quando boa parte do material original atravessou muitos séculos de mudanças culturais e foi expresso numa linguagem e com conceitos que são quase estranhos à mente moderna.

Decidi ater-me ao essencial e tentar agir como outros autores das teorias herméticas fizeram anteriormente, apresentando o material na linguagem de minha própria época, com uma série de ilustrações simples. Mas foi somente quando surgiu um mapa musical exeqüível ou um sistema aberto que passei a considerar seriamente a idéia de abandonar meu manuscrito original e começar tudo de novo. Os resultados desse trabalho são a teoria e o experimento psicomusical encontrados nos capítulos seguintes e em seus diagramas.

Uma edição extremamente limitada da minha teoria, *Elemental music*, foi publicada na Inglaterra em 1974-75 pelo, hoje extinto, Helios Bookservice, sob a forma de anotações para um conjunto de gravações mágico-musicais (atualmente fora de catálogo e provavelmente superadas por material posterior dos vários autores envolvidos). Nos dez anos decorridos entre o aparecimento dessas anotações e a preparação deste livro, trabalhei ininterruptamente com o sistema descrito, e verifiquei que ele podia ser fácil e claramente demonstrado em palestras públicas. Há uma série de evoluções e aplicações que não foram incluídas aqui e que se aplicam principalmente à música instrumental e à relação entre música vocal, música instrumental e dança sagrada. Espero que esses assuntos constituam a base de um livro futuro.

1

Música e os estados alterados de consciência

O conteúdo deste livro nasceu de minha experiência pessoal como músico e compositor e como pesquisador dos aspectos mais incomuns da música. É essencialmente um livrinho prático. . . quase um manual de alquimia musical, para usarmos uma descrição antiquada mas ainda viável. Não há nele, contudo, nenhuma sugestão de pitoresca obscuridade ou confusão proposital, como às vezes acontece em livros que tratam misteriosamente das ciências herméticas. Ocupo-me de um conjunto de conceitos simples, da aplicação de teorias específicas e de um método moderno de envolvimento alternativo com todos os tipos de música. O termo "alternativo" é usado aqui no seu sentido correto, e não como bandeira para algum tipo de escapismo atualmente em voga.

Não é um livro acadêmico, e pode ser usado tanto pelo leitor comum ou pelo aficionado como pelo músico ou compositor, pelo técnico em acústica ou pelo estudioso dos primórdios da música. As alternativas práticas de envolvimento musical também podem ser aplicadas em outro nível pelo meditador moderno ou por grupos que busquem alterar intencionalmente a consciência através do uso específico de teorias musicais e exemplos selecionados de músicas. Essa aplicação abrange desde a terapia musical até as disciplinas espirituais.

As teorias aqui esboçadas devem, portanto, conter algo para todos aqueles que se interessam pelas possibilidades da música e das alterações na consciência. . . Não se restringem a nenhuma área de especialização, mas visam abarcar e transpor uma série de disciplinas e sistemas ou conceitos musicais. Mas, acima de tudo, espero demonstrar que alguns modelos conceituais extremamente simples — e que eram fundamentais em culturas mais antigas — podem vir a ter hoje uma aplicação moderna e dinâmica se forem transformados dentro do contexto de fragmentação e rápida mutação de nossas sociedades em todo o mundo. Entretanto, como este material foi escrito especificamente para o leitor ocidental, não se inclui qualquer terminologia musical do Oriente, nem se exige que partamos do pressuposto, bastante falso, de que o Ocidente não possui uma música verdadeiramente mágica própria. Essa questão é abordada em detalhes mais adiante, de modo que não precisa ser aprofundada aqui.

Para obter os melhores resultados com este livro, não é preciso que o leitor seja músico, psicólogo ou mesmo mago. . . mas sim que esteja seriamente interessado na música como um poder genuíno que provoca alterações na consciência. Essas alterações podem ser os estados de espírito efêmeros decorrentes de o indivíduo vagar irresolutamente pelas paisagens da música comercial, ou podem ser os efeitos profundos e duradouros que se relacionam com os vastos ciclos de transformação social e econômica.

Mais raramente, embora seja um fato de importância ainda maior, a música também pode gerar mudanças dinâmicas e permanentes na consciência individual — do santo, do poeta, do compositor ou daquele que, sem uma definição tão específica, busca a realidade e a verdade, o homem ou a mulher musical. Essas mudanças provêm de combinações de freqüências e de arranjos que ressoam da mesma forma para o físico e para o metafísico, ainda que em mundos diferentes.

As ressonâncias são utilizadas por diversas ciências artísticas antigas, imorredouras e facilmente confundidas, das quais a alquimia, a magia e a teosofia (ou metafísica) constituem a parte mais importante. Nessas ciências artísticas — e a psicologia moderna, apesar de suas limitações, é uma descendente direta delas —, as percepções, intuições e revelações interiores de pessoas altamente sensibilizadas associam-se a uma meticulosa obra prática e a modelos conceituais bem estabelecidos. Digo "facilmente confundidas" não porque as ciências artísticas sejam intrinsecamente difíceis ou confusas, mas porque nós, modernos, as abordamos de fora e queremos chegar à força a seu âmago. Como qualquer verdadeira disciplina, elas só podem ser operadas de dentro, após árduo treinamento, e ninguém aprecia a idéia de um trabalho tão pesado hoje em dia.

Em todos esses sistemas e disciplinas há, contudo, um pequeno número de "abordagens diretas" capazes de acelerar os resultados mais óbvios. São como regimes radicais, treinamento aeróbico ou purgantes, e podem ser encontradas nos métodos catalíticos da magia e da psicoterapia [1]. A música supera esse problema e estabelece um elo entre a disciplina longa e tediosa e a transformação interior catártica subitamente induzida. Em outras palavras, a música torna a vida melhor através de um poder a ela inerente — com a condição importante de que controlemos a música e não permitamos que eventuais controladores nos controlem!

A combinação de visão intuitiva com disciplina prática está presente em toda música primordial, mágica, litúrgica, meditacional e alquímica, e reaparece hoje nos diversos sistemas de terapia musical que proliferam a partir da psicologia materialista. Uma vez que esse movimento moderno de música e psicoterapia — ou de música e de seu efeito holístico sobre a vitalidade humana — está diretamente relacionado com os antigos sistemas musicais mágicos e alquímicos (embora geralmente os ignore ou propositadamente opte por não reconhecer sua existência), incluo aqui uma pequena, mas eclética, lista de obras de referência. Essa lista é a base para as notas de cada capítulo, que se inserem numa bibliografia mais ampla de leituras complementares.

O perito em acústica ou o musicólogo com sólido conhecimento de física da música, particularmente no que diz respeito à música primitiva e suas evoluções históricas, poderá encontrar algumas correlações nos sistemas apresentados aqui — correlações que não estão incluídas em minhas explicações ou sugestões para o leitor comum, uma vez que são tópicos de apurada distinção técnica que não afetam a aplicação prática da música à consciência. Esse aspecto técnico levanta a importante questão da dissecação material em contraposição a uma visão panorâmica conceitual. Não acredito que possamos encontrar realmente o segredo da música examinando sua física, sua história acústica ou sua matemática teórica, que são tão diferentes do modo como ela é usada pelos seres humanos.

Muitos outros livros breves sobre música, magia e alterações da consciência precederam este, bem como os grandes e profundos volumes escritos por pensadores, metafísicos, físicos e teólogos ou teosofistas de estatura monumental. O assunto exerce um fascínio perpétuo, pois remete às mais profundas cognições e percepções humanas e a nossas intuições acerca da realidade, da verdade e da comunicação. A maioria dos livros mais breves e mais recentes procuram relacionar a história da música (geralmente na Europa, mas com referências ocasionais a fontes orientais) com o conceito de evolução. Partem de um arcabouço histórico-cultural e citam compositores individuais como exemplos de uma consciência musical evolutiva que chega até os dias atuais (do autor de cada livro). Eu não partilho dessa visão da música, e não procuro formular seu desenvolvimento dessa maneira [2].

Definir a consciência humana na música através de alguns compositores e teóricos ou de composições musicais específicas é algo bastante inapropriado, pois restringe nossa compreensão a uma falsa progressão temporal em que a ilusão de evolução social ou material e de progresso científico confunde-se com uma noção igualmente falsa de evolução musical.

Enquanto arte, a música parece superficialmente evoluir através de estágios definíveis. Mas, na realidade, esses estágios só se tornam aparentes em retrospecto. E embora pareça inocentemente lógica à primeira vista, a análise retrospectiva norteada pelo conceito de evolução sempre gera uma falsa imagem de progresso. Essa falácia fica óbvia quando observamos análises retrospectivas de profecias e provisões em que pronunciamentos obscuros são intelectualmente socados em contextos históricos válidos mais por percepção posterior do que por inspiração [3]. O quadro evolutivo está tão firmemente entrelaçado com as concepções de progresso científico e social que outros modos de *progressão,* que pode ser espiral ou oblíqua, são ignorados [4]. Isso fica particularmente claro em nossas histórias da música, sejam elas ortodoxas ou marginais, nas quais algumas pessoas, teorias, obras ou desenvolvimentos técnicos fundamentais são destacados de maneira desnatural. E embora essas poderosas inovações sejam incontestáveis, só ocorrem em meio a um vasto quadro de transformações proteanas na atividade musical e na consciência comum, um quadro que praticamente não é afetado pelas vogas e modas da música artística, que segue padrões ou normas que esboçarei na argumentação principal deste livro. Quero ressaltar que não estamos falando de música "popular" ou "folclórica" neste contexto, mas de uma música-da-consciência-humana, na qual a música popular ou étnica desempenha somente um papel, ainda que importante, num repertório musical de ascensão espiróide e duração eterna.

Muitos autores que tratam de música sugerem que estamos prestes a ingressar numa era de grande liberdade, na qual as restrições inegavelmente sufocantes da música artística européia estão se despedaçando, e a liberdade musical será atingida através do uso de instrumentos altamente sofisticados, capazes de gerar pleromas de sons [5]. Contudo, tais pleromas, ou sons integrais, sempre estiveram conosco, em nossa voz ou nos mais toscos instrumentos musicais, bastando que quiséssemos ouvi-los. A tecnologia não é necessariamente um sinal de progresso musical, embora possa ser uma excelente serva.

Longe de sugerir que estamos prestes a partir para uma nova era musical, imagino que as gerações futuras, ao aplicar a análise retrospectiva para provar como sua própria música é avançada em comparação com a nossa, irão enxergar os séculos XX e XXI como o nadir na involução da música dentro da consciência humana. Acredito que a música guarda em si um potencial que foi quase, mas não inteiramente, perdido para nós, e que existem alguns pontos abismais em nosso "desenvolvimento" musical que precisam ser social e individualmente reequilibrados, para nosso próprio bem-estar físico e psíquico. Não estou sugerindo que busquemos refúgio em algum passado musical espúrio, mas sim que encontremos um meio de resolver a relação paradoxal que há entre uma involução musical e as alterações cada vez mais profundas da consciência.

O tom geral de minhas teorias não é pessimista, mas regenerativo. Acima de tudo, devemos encontrar um meio de nos afastar de alguns estereótipos extremamente debilitantes encontrados tanto na música artística como na popular. Só assim poderemos avaliar o que está realmente ocorrendo no desenvolvimento musical moderno, se é que algo está ocorrendo. É nesse contexto, inicialmente, que os antigos sistemas metafísicos e o próprio sistema hermético são úteis como corretivos psicológicos. Eles não devem ser avaliados segundo seu significado visível, uma vez que são expressos através de um simbolismo religioso ou filosófico ortodoxo repulsivo a muitas mentes modernas. Mas podemos buscar o cerne perene desses sistemas, e formulá-lo de maneira simples e não ambígua. Um desses métodos, ou modelos, constitui uma importante parte deste livro, e insisto veementemente que o leitor o experimente, pois não se tem notícia de que ele jamais tenha falhado, quando aplicado com vontade genuína e sem preconceitos de experimentá-lo honestamente.

Em minha mente não há dúvida alguma, embora existam poucas provas no sentido histórico acadêmico, de que os alquimistas e os filósofos herméticos recorreram a tradições musicais que se estendem às culturas de um passado remoto. As influências óbvias das culturas grega, romana e arábica são bem conhecidas e têm sido demonstradas nos estudos populares de alquimia [6]; além disso, nos últimos anos diversos estudiosos e autores vêm acumulando indícios da existência de uma sabedoria e de um simbolismo nativos da Europa ocidental [7]. É provável que o sistema de metafísica musical que explico em capítulos posteriores tenha sido usado igualmente pelos druidas celtas e pelos gregos pitagóricos; as evidências musicais dessa idéia estão presentes na música folclórica e nos resquícios dos cantos bárdicos da Irlanda, do País de Gales, da Escócia e da Bretanha [8].

Por último, a música mágica, alquímica ou metafísica, que é música com uma aplicação psico-lógica, tem seu fundamento na natureza essencial da psique, da própria consciência em si. Seria fácil sugerir que toda música está assim fundamentada, mas eu estaria então me ocultando por trás de uma afirmação verídica tão difusa e geral que ninguém poderia realmente tentar aplicá-la. Todos estamos familiarizados com esses ensinamentos "sábios", grandiosos mas ineficazes; entretanto, o que queremos é poder abocanhar algo duro, específico e, obviamente, nutritivo. Qualquer bom sistema musical e psicomusical deve nos levar do geral para o específico, e depois de volta ao geral para que possamos observá-lo transformado. Se o caminho tomado for complexo, obscuro, obtuso e talvez elitista, não devemos segui-lo.

Espero que as teorias, métodos, chaves e mapas oferecidos aqui sejam um começo, um passo rumo à clareza na consciência musical aplicada. E espero que mais tarde isso seja retomado e aperfeiçoado por outros mais capazes que eu. Da mesma forma como segui e simplifiquei uma tradição central imorredoura, estou certo de que outros continuarão a empregar o mesmo processo alquímico de aprimoramento e transformação.

Sistemas e diagramas

Antes de embarcar nas rotas indicadas pelos mapas musicais e metafísicos do texto e dos diagramas, quero pedir ao leitor que não se atenha demais a "sistemas". Não há nenhuma intenção da minha parte de oferecer um ou outro sistema supostamente "autorizado" ou "definitivo". O máximo que se pode dizer de qualquer sistema é que ele: (a) é eficaz em fazer o que afirma fazer, e (b) leva à sua própria demolição, liberando aqueles que dele se utilizam para atingir novas conclusões, novas percepções e um verdadeiro crescimento interior ou exterior.

A falácia dos sistemas autorizados ou, pior ainda, dos sistemas ocultistas ou elitistas é a nossa desgraçada herança conceitual de uma religião ortodoxa, dogmática e dominada pelo sexo masculino. Ela está presente em todos os níveis da cultura européia e americana, embora aqui estejamos interessados na corrupção do poder da música e da magia sobre a consciência humana.

Muitas obras esotéricas são elitistas e dogmáticas, mesmo aquelas que pretendem levar-nos além da Igreja formal e que aparentemente se opõem à religião decadente. A maioria desses livros são escritos por homens, e ocasionalmente por mulheres, fortemente condicionados pela Igreja ortodoxa. . . e que, no caso de autores anteriores ao século XX, eram freqüentemente membros do clero. É nesse falso ambiente de "autoridade", mantido pela força das armas quando necessário, que surge a imagem do patriarca, o homem onisciente e dominador que profere "verdades definitivas".

Mais recentemente, essa imagem transformou-se na epítome da "razão", e a autoridade passou a ser definida por uma mania de provas ou validação experimental. Mas na magia, na música e na psique humana, as provas são freqüentemente transcendidas, e a razão, continuamente posta de lado, em favor de níveis mais profundos de entendimento, níveis que não são passíveis de definição verbal ou intelectual. Na psicologia, ainda encontramos essa imagem de uma exuberante ou demoníaca sabedoria masculina estereotípica, e todas as facetas da entidade humana são falsamente definidas através de várias escolas de redução e rotulação superficial da psique.

Na música, evidentemente, o compositor é o portador desse estereótipo, muitas vezes sem que ele saiba ou queira. A ilusão de uma só pessoa, geralmente um homem, através da qual os impulsos criativos são fixados no papel de forma inflexível e invariável (a partitura), é algo que vai se tornando cada vez menos válido para a maturidade musical na sociedade mas que, não obstante, continua exercendo enorme poder. Na música popular, vemos esse poder se manifestar nos cachês, no estrelato e na devoção quase religiosa dos fãs aos artistas. Curiosamente, essa área degradada de condicionamento em massa é uma das encruzilhadas que nos levam de volta a uma abordagem mais imaginativa da música. Trata-se, todavia, de um caminho corrompido, pois contribui para a involução da nossa imaginação comum, que é provocada pelo banalismo, pela trivialidade e por todos os grosseiros estratagemas usados para fomentar vendas.

A fim de contrabalançar esse triste estereótipo masculino, devemos lembrar que os escritos e ensinamentos mágicos e esotéricos — e, subseqüentemente, os alquímicos ou herméticos — retêm em si um vasto legado dos cultos pagãos e das filosofias antigas. Essa sabedoria está intimamente envolvida com a imagem e os poderes regenerativos de uma ou várias deusas, que são os elementos femininos rejeitados ou corrompidos pelo cristianismo. A Igreja Romana, entretanto, restaurou essa imagem feminina na forma do culto à Virgem, tentando assim absorver as energias das imagens das deusas pagãs que ainda pairavam na imaginação comum [9].

Os curiosos sistemas mostrados aqui, fundamentalmente na forma de simples diagramas, provêm em parte da filosofia e da metafísica pré-cristãs. Tais modelos conceituais surgiram em diversas culturas, incluindo a da Grécia clássica e as influentes fontes orientais, que tanto contribuíram para o crescimento do cristianismo. Recebemos esse material filtrado pela desenfreada censura e distorção das Igrejas políticas. Mas também dispomos dele em diversas formas tradicionais transmitidas em níveis culturais bastante generalizados através do folclore, da poesia, das canções, das danças rituais e de outros elementos que, por assim dizer, ultrapassaram sub-repticiamente as barreiras impostas pela ortodoxia. Os escritos alquímicos, da Idade Média até o século XVIII, mostram uma forte influência dessas tradições sobre os pensadores e os místicos, enquanto uma série de importantes textos medievais de tradições nativas, talvez originalmente dos druidas celtas, também comprovam uma continuidade simbólica [10].

Esses sistemas são *abertos* — fluidos, amoldáveis, flexíveis. Não são rígidos ou autoritários. Ninguém corre o risco de fracassar se não os seguir rigorosamente, pois as topologias mágica, psicológica e metafísica modificam-se imediatamente quando recebem energia da consciência humana. Na música, as marcas rígidas do compositor sobre o papel adquirem vida pela recriação da visão musical na interpretação de um maestro ou nas mãos de um grande músico ou grupo de músicos. Esse é um exemplo óbvio de como uma topologia psíquica (a partitura) adquire vida e se modifica através da consciência humana.

Os mapas formais de nossos diagramas, como o da Árvore da Vida ou o do quádruplo sistema elemental, parecem constantes ou mesmo rígidos a um exame superficial. Mas, quando ganham vida à luz de uma atenção mais profunda da imaginação, ocorrem mudanças vitais em suas matrizes vivificantes.

Os conceitos propostos não são, portanto, um conjunto de sistemas que irá substituir ou revolucionar qualquer coisa que pretenda ser fixa ou definitiva, mas sim uma família de matrizes, de imagens-mães que ajudarão nossa empobrecida percepção e cognição musical a atingir uma tardia maturidade. Não podemos usar esses sistemas para "compor" no sentido usual da palavra, embora eu tenha criado e gravado músicas aplicando alguns dos princípios descritos [11]. Os "não-sistemas" aqui ilustrados podem ajudar a nos libertar das falsas limitações da autoridade musical, em um extremo (a música artística), e a nos proteger contra uma fragmentação caótica, em outro (a música popular).

O que acontecerá depois irá depender muito de cada indivíduo.

Os diagramas foram concebidos do modo mais simples e direto possível, e podem ser usados de diversas maneiras. Não pretendem aperfeiçoar as notáveis e imaginativas tabelas de correspondências encontradas em obras anteriores (as de grandes metafísicos como Fludd ou Kircher [12], por exemplo). Visam apenas demonstrar os aspectos mais essenciais de tais mapas, sem qualquer atributo complexo. E há ainda diversos diagramas originais, baseados no antigo modelo dos Quatro Elementos, que nunca foram publicados antes, uma vez que são o resultado de meu próprio sistema musical/alquímico descrito no texto. As funções dos diagramas são as seguintes:

1. Esclarecer os conceitos discutidos no texto.
2. Oferecer chaves simples para os diagramas mais complexos encontrados em livros anteriores sobre metafísica, magia e música [13].
3. Enunciar uma série de teorias e conceitos da antiga maneira tradicional (como a Lira de Apolo, o Instrumento de Quatro Cordas ou o Homem Musical).
4. Servir como símbolos visuais para a contemplação, a meditação ou a concentração, ajudadas pela imaginação. Com essa função, os diagramas extrapolam as dimensões meramente intelectuais e atingem as das disciplinas interiores, ou as das artes mágicas ou místicas.
5. Servir como topologias psíquicas, associadas não só ao item 4 acima, como também à matriz geral usada para mapear a psique humana nas filosofias antigas. Essa matriz, o Modelo Quádruplo, gera muitos outros glifos psicológicos mais complexos, como a Árvore da Vida, os Sólidos Platônicos e, na física, os mapas através dos quais as primeiras realizações da estrutura do sistema solar se concretizaram. Vale ressaltar que tais mapas não são curiosidades ultrapassadas,

e que ainda podem ser usados com grande eficácia pelo estudioso moderno da psique [14].

6. Demonstrar um conceito perene: o da existência de uma relação harmônica entre o *microcosmo,* a humanidade, e o *macrocosmo,* o universo. Estritamente falando, só podemos aplicar o termo "macrocosmo" ao sistema solar, uma vez que o universo além dele corresponde a outro nível harmônico, que poderia ser chamado de "hipercosmo".
7. Demonstrar, no caso dos diagramas dos glifos elementais (capítulo 5), uma relação direta entre estados de consciência e formas musicais. Com esse método simples, afastamos a música da progressão linear do sistema temporal de notação e podemos demonstrá-la no mapa elemental da consciência, usado pela psicologia e pela metafísica dos antigos. Como todos esses mapas circulares são analogias planas de uma geometria esférica, estamos criando também um modelo analógico para associar as vibrações musicais a uma matemática mais abstrata.

Essa direção matemática, que obviamente pertenceria a uma obra mais técnica, não é seguida em nosso texto. Mas isso não nos impede de usar a analogia em seus estágios usuais: "plana", "esférica" e multidimensional. E podemos utilizar o mesmo sistema para definir a música em qualquer número de dimensões matemáticas. É possível estimular e vitalizar de modo impressionante a criação musical aplicando esse tipo de analogia.

Os modelos mostrados são apenas os mais elementares, e muitos outros mapas ou glifos conceituais poderiam ser acrescentados a essa coleção inicial. Eu gostaria de ressaltar que, por mais fascinantes que as combinações ou rotações matemáticas possam ser, elas não são capazes de substituir as aplicações interiores nem a meditação sobre o Modelo Quádruplo original do qual todas derivam.

Se dedicássemos todo o nosso tempo a pesquisar a matemática, as rotações, as combinações e as fórmulas geradas pelas teorias descritas, estaríamos nos afastando do essencial. Nos modelos musicais dos filósofos renascentistas, as verdades matemáticas eram usadas para demonstrar verdades metafísicas, seguindo o eterno axioma hermético ("embaixo como em cima"). A física ou a matemática nunca eram pretendidas como um fim em si mesmas, mas apenas como modos sugestivos de atividade mental consonante a uma consciência mais elevada.

Minha abordagem neste livro é semelhante, mas bastante rudimentar. Não tento usar a física ou a matemática para provar nada. As analogias geométricas dos diagramas provêm diretamente de um conjunto de conceitos criativos primordiais — manifestados na metafísica e na astrologia como os Quatro Elementos ou Quatro Mundos. Estes, conforme afirmo em outro capítulo, são *estados de atividade relativa*, que podem ser usados para definir fenômenos internos ou externos, aplicáveis tanto à física quanto à metafísica, à sociedade e à psique. Mas os místicos relatam que, além deles, existe outro estado, que não pode ser definido em termos relativos e só é acessível através da meditação. Nossas analogias musicais não mencionam tal estado, mas certamente provêm dele, ainda que nós, como indivíduos, jamais o percebamos plenamente [14].

Se descartarmos todas as derivantes históricas, intelectuais e matemáticas, ficaremos com um conjunto de símbolos semelhantes aos mostrados em nossos diagramas. Estes podem ser considerados diretamente, por seu valor intrínseco, e possuem certas qualidades inerentes que ressoam no interior da psique e do organismo biológico do ser humano. Se forem abordados de maneira bastante direta e descomplicada, poderão ser trazidos à vida, juntamente com os poderes harmônicos da psique e do corpo que estão ligados intimamente à música [15].

Para muitos de nós, os exercícios simples do tipo descrito acima serão nossa primeira experiência de utilização intencional da música sobre nossas mentes e corpos. A maioria das experiências musicais são passivas, muitas vezes de um grau de passividade que jamais admitiríamos em qualquer outro tipo de atividade vital. O consumo que fazemos de música é diretamente comparável ao de uma pessoa estatelada de costas que permite que outros despejem substâncias desconhecidas em seu estômago através de um funil. E então nos perguntamos por que nosso *gosto* é tão confuso, por que estamos *subalimentados* e por que nos sentimos tão amiudemente drogados, envenenados e debilitados.

Ao considerarmos a música como um poder capaz de alterar a consciência, nós, de início, interrompemos a ingestão aleatória e compulsiva. Mesmo isso já é bastante difícil, embora possa ser facilitado pelo fato de termos, inevitavelmente, de fazer uma opção: ou permitimos que outros nos deixem atulhados com suas maquinações ou artimanhas habilidosas ou, talvez pela primeira vez em nossa vida, tentamos estabelecer contato com alguns dos fundamentos internos que estão por trás do poder da música.

Num estágio posterior, passamos a selecionar nosso alimento musical com maior cuidado, seguindo e aperfeiçoando as indicações dietéticas do apêndice 1. Com tempo, esforço e dedicação, podemos deixar de ser meros consumidores, viciados em guloseimas pré-fabricadas ou em estereótipos artísticos ditados por modismo, para afinal nos tornarmos independentes, como indivíduos musicalmente alertas.

Minha analogia é evidentemente exagerada, mas, se ela deixar o leitor de alguma forma constrangido com seu consumo musical, é sinal de que contém alguma verdade. Quero ressaltar que ela se aplica igualmente tanto ao compositor e ao músico quanto ao leigo, embora a dieta do especialista tenda geralmente à ingestão excessiva de um ou dois elementos musicais específicos, com a decorrente ausência de real afinidade com outros.

Numa cultura em que a música é injetada em cada sala, loja, restaurante ou lugar público, a proposição de consumo controlado pode parecer loucamente irrealista. Como interromper o fluxo de lixo que nos toma de assalto em cada alto-falante? É óbvio, embora talvez lamentável, que não nos é permitido tomar medidas imediatas e diretas contra a poluição musical. Brandir machados é algo socialmente inadmissível e perigoso para os circunstantes inocentes; a interferência eletrônica em sinais irradiados é ilegal na maioria dos países.

Os exercícios elementais apresentados aqui têm uma série de efeitos, um dos quais é possibilitar a quem os pratique ir gradualmente desativando (e não apenas ignorar ou barrar) os efeitos da música indesejada. No caso de ritmos fortes e debilitantes, como o utilizado no *rock,* alguns de nossos exercícios podem até ser usados da maneira tradicional como focos, orações ou mantras que literalmente sustam as influências indesejadas. Essa é, contudo, uma aplicação um tanto drástica dos símbolos musicais, que na verdade visam a um desenvolvimento mais profundo e prolongado.

Nesse contexto, devemos lembrar que o que está em questão é um valor de consciência musical, da música que age no interior de nossa psique, e não um valor de expressão exterior. Não estou sugerindo que saiamos entoando os exercícios vocais dos Elementos a plenos pulmões (o que não deixaria de ser divertido), mas que usemos os *padrões* como corretivos de emergência em situações musicalmente desagradáveis. Até mesmo visualizar os glifos ou símbolos (capítulos 5 e 6) exerce um efeito surpreendentemente benéfico sobre uma consciência enfraquecida pelo barulho da *disco music* ou dos sons espiritualmente deprimentes de certos compositores modernos.

Finalmente, a psique musicalmente sadia torna-se capaz de desligar-se dessas influências insalubres, mas esse é um ideal dificílimo, que envolve considerável trabalho sobre a unidade do corpo e da psique. Quero ressaltar o trabalho sobre o organismo físico, já que a música é um poder *físico*, e não apenas emocional, intelectual ou espiritual. O corpo reage diretamente a certas ressonâncias, timbres e ritmos, fato elementar bem conhecido e demonstrado pela ciência e pela medicina ortodoxas. Entretanto, essas reações são tão complexas que é difícil controlálas ou defini-las de maneira racional ou ordenada.

Os sistemas musicais metafísicos ou psíquicos oferecem um método operacional alternativo, no qual as reações físicas diretas que se experimentam diante da música são monitoradas e orientadas por uma analogia interna e não por regras externas "comprovadas" ou por experimentos. Ao utilizar esse método, conseguimos também nos afastar de alguns aspectos mais vulgares ou destrutivos da pesquisa musical, como as perigosas freqüências usadas para induzir reações físicas resultantes de uma estimulação sônica da atividade cerebral.

Nas filosofias da Antiguidade, o físico e o espiritual não são separados, mas intimamente ligados. A música, que é um modelo físico de energia manifesto no mundo exterior, demonstra certos padrões espirituais de energia normalmente só acessíveis por percepções internas altamente desenvolvidas. Mas nós podemos margear toda essa teoria e aplicar apenas os seus modelos a nossa consciência musical. E como está harmonicamente de acordo com a totalidade de nossa existência, o uso salutar da música estimulará e promoverá um corpo sadio.

Essa afirmação de saúde não é uma mera generalização. Os regentes, que têm contato constante e estão intimamente envolvidos com um amplo espectro de músicas, tendem a ter ótima saúde e a se manter ativos até uma idade avançada. Isso se deve tanto ao contato físico com freqüências musicais em todo o seu organismo (que já foi exposto e recebeu uma enorme gama de tons durante muitos anos) quanto ao conteúdo emocional ou teórico e artístico de seu trabalho de maestro [16]. Afirmo que a teoria elemental da música expressa nas próximas páginas oferece uma explicação possível para essa vitalidade, que pode ser comprovada musical e biologicamente, desde que, é claro, se preencha a condição de levar uma vida normalmente saudável e sem atos prejudiciais a si mesmo. Nenhuma quantidade de melhor música do mundo poderá ativar plenamente uma corrente sanguínea cheia de drogas, de álcool ou de toxinas acumuladas devido a uma dieta pouco salutar. Contudo, os estímulos musicais podem nos ajudar a superar alguns maus hábitos, e os signos musicais elementais podem ser empregados diretamente para uma terapia branda dessa espécie.

Evoluções futuras

Divaguei livremente sobre diversos tópicos diretamente pertinentes ao texto principal e a seu uso pelo leitor, e também ao tema mais geral da música e dos estados alterados de consciência. Para levar adiante qualquer um desses vários tópicos seria preciso um livro especializado em cada um deles, além de uma disciplina e um trabalho individual que estão além do alcance desta exposição geral. Muitas das áreas mencionadas são campo extremamente fértil para pesquisas posteriores, de modo que vale a pena esboçá-las mais uma vez antes de passar à teoria em si.

1. *Terapia.* Sempre, desde os tempos mais remotos, se soube que a música é terapêutica, e nas primeiras culturas ela não era mero entretenimento como é hoje. O valor terapêutico de aplicações específicas da música vai muito além da mera indução de "estados de espírito", uma vez que ocorrem reações físicas no interior do corpo quando em contato com as emissões físicas do som controlado, isto é, da música. O sistema elemental aqui esboçado permite a realização de um trabalho terapêutico simples, e pode ser posto em operação de muitas maneiras diferentes:
   a) Como sons gravados para uma recepção passiva.
   b) Como cantos vocais para uma alteração interior ativa da consciência pela música. Este método afetará o organismo interna e externamente, gerando uma mútua ressonância (tecnicamente denominado *"feedback")*, cujo poder é consideravelmente maior que o do sinal sonoro original em si.
   c) Como exercícios mágico-espirituais ou para a meditação do místico ou do metafísico dedicado. Esta é a aplicação mais especializada.
   d) Como material visual. Os glifos ou diagramas exercem uma influência terapêutica ou modificadora sobre a consciência, mesmo sem a emissão sonora dos símbolos sô-

nicos. Porém, isso não é mais do que reafirmar a antiga arte do glifo, do símbolo visual ou da mandala, conhecida por seu valor terapêutico sobre a psique [17].

2. *Comunicação.* A música é nossa forma mais elevada de comunicação, embora seja freqüentemente degradada a um nível extremamente empobrecido. O conceito de *Música Esférica* tem implicações que poderiam alterar a composição, a execução e a comunicação através da música ao vivo. A ênfase aqui é na música *ao vivo*, embora as gravações sejam secundariamente aceitáveis na metafísica musical. A comunicação geralmente é dividida em: (a) ativa e expansiva; (b) passiva e receptiva.

   Essas funções são definidas na música pelo executante e pelo ouvinte, mas tal análise só se sustenta diante de uma razão superficial e não age sobre os níveis internos ou psíquicos da entidade humana. Há na música uma série de interações complexas que são mostradas em seu potencial pela Árvore da Vida, um diagrama de polaridade bastante sofisticado.

Os padrões musicais arquetípicos (os cantos ou clamores elementais) podem ser empregados em níveis de comunicação que transcendem os sistemas de mensagens intelectuais verbais. Essa não é uma afirmação exagerada, pois é isso o que ocorre regularmente na música comum, na qual um compositor "encapsula" uma mensagem, uma emoção, uma intuição em sua obra musical e envia-a através do tempo e do espaço até o ouvinte usando como meio a psique e o corpo do músico executante. Em termos simples, certas canções e melodias são tristes, alegres, deprimentes, vitalizantes, e assim por diante.

Em todo o mundo, os cânticos de uso religioso monástico são dotados de uma poderosa comunicação interior ou espiritual. Tais cânticos podem assumir a forma de textos dogmáticos, sons vocálicos primordiais ou estruturas especialmente construídas, baseadas em "alfabetos" metafísicos. Muitos desses tópicos são discutidos nas páginas seguintes, e são todos áreas de comunicação que poderiam ser desenvolvidas por pesquisadores modernos, afastando-as da atmosfera dogmática ou espuriamente hierárquica que as circunda.

Comunicação é terapia

O valor terapêutico e o valor comunicativo da música são apenas manifestações diferentes de uma única energia mediadora e transformadora. Quando praticamos os tipos tradicionais de exercícios de canto, estamos, inicialmente, comunicando-nos com áreas diferentes dos níveis de nossa própria *entidade*. Esse estágio é terapêutico, pois redesperta, mediante um estímulo musical, as interações físicas e psíquicas "amortecidas".

Em níveis mais avançados, um impulso verdadeiramente transformador ou espiritual pode comunicar-se de um ser para outro. Surgem daí as breves mas gloriosas percepções que alguns tipos de música mística ou religiosa possibilitam, pois tal música (dentro dos limites do tempo) eleva temporariamente nossa imaginação e nossas reações físicas a modos de energia e consciência que normalmente somos incapazes de manter.

Nas artes mágicas, essa comunicação amplia-se de modo a incluir diversos domínios, mundos e seres que tradicionalmente se diz existirem. Todavia, esse tipo de atividade parece ter menos importância e valor do que uma percepção espiritual clara e simples vinda de dentro. Os exercícios deste livro não se destinam a ser usados em conjurações superficiais ou curiosas [18].

Essa função, de uma ponte entre mundos, pode vir a desempenhar um importante papel na música do futuro; nossa ciência revela cada vez mais as profundezas da existência material, e os modelos musicais das culturas antigas podem um dia proporcionar a base para novas áreas de experiência, novos modelos do universo ou comunicação com estados de ser (ou com seres cientes de si) que nós no momento não conseguimos compreender. Não se trata de uma reversão ignorante à superstição, mas da simples sugestão de que os modelos musicais podem agir como transmissores de sinais para dimensões que talvez não sejam acessíveis por nenhum outro meio prático. Uma vez que, tradicionalmente, se diz que os padrões de emissão musical carregam em si a marca do Verbo original (o impulso criador ou origem de todos os seres), eles são usados metafisicamente como uma linguagem universal que transcende todos os espaços, tempos e eventos. A resposta humana à música é somente um aspecto microcósmico ínfimo de uma reação e de uma manifestação sonora que percorre harmonicamente todo o macrocosmo (uma estrela ou sistema solar) e o hipercosmo (a totalidade da existência, o universo).

Tendo extrapolado ou chegado intuitivamente até aqui, começamos a ingressar nos domínios da poesia e da profecia, das visões que se fundem no âmbito da consciência normal, da inspiração que pode ser expressa como música. As pitorescas *Profecias de Merlim* medievais, provavelmente derivadas de antigos versos celtas, descrevem o fim do sistema solar em sua conclusão: "Os Quatro Ventos lutarão entre si com pavoroso clangor, e o ruído chegará às estrelas". Essa é uma maneira apocalíptica ou dramática de descrever a interação dos Quatro Elementos, que, como mostra o nosso texto, constitui a base de toda expressão musical. Encontramos uma visão semelhante da Criação dos Mundos descrita em *Vita Merlini*, uma biografia mística baseada numa mistura de motivos clássicos e druídicos ou britânicos, também escrita pela pena do cronista (ou compilador) do século XII, Geoffrey de Monmouth: "Do nada, o Criador do mundo gerou quatro elementos, para que fossem a causa primordial e material da criação de todas as coisas ao se juntarem em harmonia. . . " [19] Uma visão semelhante é encontrada na *República* de Platão, citada no apêndice 2.

Não cito esses escritos antigos, aos quais se poderia facilmente acrescentar um grande número de outros exemplos, como "fontes" ou "autoridades", mas como exemplos de um modo eterno de percepção que existe dentro de nós mesmos [20]. Esse modo ou padrão de consciência tende em direção aos arquétipos que, ao contrário do uso moderno e um tanto debilitante do termo, são matrizes através das quais incontáveis imagens, energias e eventos harmonicamente relacionados podem ser expressos no tempo e no espaço. Quando colocamos esses arquétipos em palavras ou em forma gráfica, uma de suas principais apresentações são os glifos, os diagramas simples ou os mapas geométricos. Outras apresentações também são possíveis, em formatos mais antropomórficos ou visionários, mas tais expressões geralmente são um segundo estágio ou um estágio derivado do simbolismo, agitando-se para sair pela psique e adquirir uma expressão material.

É significativo que todas as visões ou planos arquetípicos da era clássica ou renascentista envolvam não só a música deste mundo mas também o poder espiritual da música como uma força criativa universal. Hoje não vivenciamos a música dessa maneira, e assim ficamos surpresos com as correlações entre música e terapia, entre percepção e visão ou comunicação transcendente. Para alcançarmos um rejuvenescimento de nossas percepções musicais, para podermos viver nos poderosos domínios da imaginação que estão além do materialismo grosseiro, precisamos retornar a alguns fundamentos primordiais extremamente simples.

2

As Quatro Eras da música

A música é uma força poderosa, capaz de alterar nossa percepção e nossa cognição. Essa relação entre música e consciência, tanto no indivíduo como no grupo, é conhecida desde os tempos mais remotos. Hoje ela é aplicada, com eficácia, na pródiga exploração comercial das gravações e transmissões musicais. Contudo, apesar de o poder da música ser reconhecido, é raro o intérprete ou compositor moderno que saiba descrever claramente as causas e origens das mudanças efetivas provocadas no âmago do ouvinte.

Superficialmente, essa inexistência de uma abordagem teórica da música e das alterações na consciência é parte do incremento do materialismo simplista; a música não é mais definida em termos religiosos, de modo que há menos necessidade de relacioná-la com obsoletos conceitos de divindade. Muitas vezes a música é discutida em termos emocionais ou, como se diz, "subjetivos", ou de uma maneira estrutural racional que costuma evitar sua função primordial: a de ser uma comunicação viva.

Na maioria dos períodos históricos dos estilos e da evolução musical, a música é gerada por uma interação entre grupos de ouvintes (o público ou os patronos) e os criadores individuais. Essa interação rapidamente se cristaliza numa série de fórmulas. Podemos detectar esse processo imediatamente na música popular, em que as fórmulas são toscas e repetitivas, e tão desumanizadas que as gravações são abertamente apresentadas como "produtos". A música tornou-se uma produção fabril, industrializada, parte da grande enxurrada de produtos que incluem também tranqüilizantes e televisores, detergente em pó e sopa instantânea.

Essa produção mecanicista de música reflete uma condição geral de nossa cultura, manifestando-se através dos equipamentos eletrônicos de sintetização, gravação e reprodução de sons.

Mas não devemos idealizar o produto de eras passadas só porque não era amplificado ou transmitido em massa.

A chamada música clássica européia dos séculos XVIII e XIX refletiu a rígida cultura formal das classes que a patrocinavam. Era uma música tão repleta de fórmulas de produção quanto qualquer cançãozinha do século XX programada através do teclado de um computador digital. Podemos estender essa análise pouco lisonjeira da música como produto através do tempo, até a perdermos de vista e de ouvido, e chegar à música misteriosa criada por nossos ancestrais no passado pré-histórico.

Nenhuma dissecação de forma, estilo ou representação ao vivo ou em gravações pode chegar ao cerne secreto da música, ao seu coração, que emite uma força capaz de alterar nossa percepção e cognição. Esse poder modificador pode parecer emocional, intelectual, espiritual ou sexual, simplesmente porque a música age como um veículo para modos de percepção e conhecimento que simultaneamente transcendem e sustentam nossos padrões normais de consciência. A música pode reforçar esses padrões ou, mais raramente, rompê-los e demoli-los. Esse efeito pode, mais uma vez, ser visto claramente na música popular, em que o produto molda e reforça os efêmeros valores comercialmente estereotipados dos consumidores, mas pode, ainda, ser intensamente irritante e perturbador para os membros de um grupo diferente. E se a música age dessa maneira nos amplos setores comerciais, tais efeitos indicam igualmente a extrema potência que pode ser inerente aos veículos musicais altamente dotados de energia e aprimorados. É esse tipo raro de música que iremos explorar e começar a experimentar.

Tradicionalmente, essa música era transmitida por ensino individual, às vezes entre seres humanos e tutores de outros mundos, como nas músicas das fadas ensinadas nos países celtas. Voltaremos a alguns desses antigos conceitos nos últimos capítulos do livro, uma vez que não constituem mera superstição, mas uma expressão simples do poder musical intrínseco da natureza — humana e não-humana.

Através da costumeira análise intelectual da música, podemos fazer descobertas fascinantes acerca da criatividade pessoal dos grandes compositores. Além disso, geralmente conseguimos reconhecer em retrospecto que obras específicas refletem períodos-chaves da entidade nacional ou cultural e do seu desenvolvimento. Em ambos esses contextos, a música possui um papel mágico ou invocatório intimamente associado ao nascimento ou configuração de uma emoção grupal fecundada por uma fonte visionária: o compositor. Tal atitude em face da música é tipicamente européia, e de origem e aceitação bastante recentes. Ela pode alcançar as mais intensas e profundas imagens e energias primordiais, como em *A sagração da primavera*, de Stravinsky; pode ascender às rotações matemáticas etéreas do cosmo, como nas obras de Bach; ou pode permanecer no mais mesquinho nível de produção, em que a única meta é vender discos plásticos de canções perfeitamente esquecíveis.

Seria possível acrescentar outras categorias e exemplos a nossa lista, que não pretende ser definitiva em nenhum aspecto. De interesse especial no contexto da música e das alterações na consciência é o fato de a categoria do nosso terceiro exemplo (a música popular comercial) ser superficialmente banal e trivial, mas internamente forte e poderosa. Ela pode ser um instrumento tremendamente eficaz para moldar reações individuais e grupais. Além disso, a menos que haja no ouvinte uma reação contrária ou negativa plenamente ativa, a música popular é capaz de acalentar e excitar o suposto "classicista" ou "modernista" tão facilmente quanto age sobre o jovem consumidor, que é o seu alvo. Os que têm um interesse ostensivo em formas "melhores" de música podem, inclusive, negar esse efeito, mas somente até seus pés começarem a acompanhar algum rádio tocando freneticamente pela rua ou se surpreenderem cantarolando alguma frase melódica medíocre tirada de algum comercial de televisão.

Paradoxalmente, é nesse nível grosseiro e trivial que encontramos o poder mágico da música, em oposição à tão elogiada criatividade individual do compositor sério que não chega a expressar-se para a sociedade em geral. A tendência do notável e inestimável fenômeno da composição formal individual era camuflar o verdadeiro poder da música, que é um poder *físico* impessoal, capaz de re-harmonizar em seu íntimo a consciência humana. Esse poder impessoal é uma propriedade da natureza; reconhecido pela música antiga do Oriente, ainda é poderoso em muitas correntes de expressão musical no Ocidente. E embora tenhamos usado a música popular como o exemplo mais evidente do nível mais grosseiro, ela não é, de maneira nenhuma, o único exemplo, e iremos encontrar uma firme e duradoura tradição de música mágica capaz de alterar a consciência, uma tradição que é primordialmente ocidental em sua origem e preservação.

Devido a uma lamentável ignorância e à deseducação intencional, os habitantes do Ocidente acreditam que não possuem nenhuma música inerentemente mágica em sua cultura, e que toda "magia" provém de cada compositor individual, freqüentemente no processo de resolver suas crises emocionais. Mas, como iremos descobrir, há um conjunto antigo, permanente e eficaz de tradições ocidentais que envolvem música que altera a consciência; esses ensinamentos sobreviveram do mais remoto passado até os dia de hoje, e ainda funcionam [1].

As Quatro Eras da Música e da Consciência

Para estudarmos as tradições mágico/musicais, precisamos antes definir uma progressão básica do desenvolvimento musical. Os sistemas musicais e metafísicos do Ocidente baseiam-se numa Quádrupla Matriz, na qual cálculos com base nos números cinco, sete, dez e doze são elaborados. Iremos voltar repetidamente a esse conceito simples mas muito abrangente quando examinarmos e discutirmos a música metafísica ou transformadora. Encontraremos também uma série de exercícios para uso individual ou grupal, nos quais frases ou motivos musicais são usados para alterar a consciência. Porém, antes de proceder a esses exercícios, a Quádrupla Matriz fundamental deve ser bem compreendida, e ela se expressa de diversas maneiras com relação à música, à consciência pessoal e coletiva e ao aperfeiçoamento cultural [2].

Podemos identificar inicialmente "Quatro Eras" da Música e da Consciência.

1. Primordial

A música primordial surge da utilização inspirada das fontes sonoras da natureza. *Individualmente,* isso se manifesta na voz humana; *culturalmente,* nas atividades e invenções musicais primitivas, que incluem cantos ou entoações, brados, gritos e uma ampla gama de instrumentos simples mas surpreendentemente versáteis. Descobertas arqueológicas e antropológicas têm nos dado exemplos desses instrumentos, que incluem apitos, raspadeiras, tambores e muitas outras fontes de geração de som. As qualidades sonoras de alguns só podem ser atribuídas especulativamente ou por comparação com exemplos primitivos modernos, mas todos derivam de fontes naturais. Sabemos que os povos primitivos modernos criam tons vocais de grande beleza e perfeição, e fazem espontaneamente instrumentos de fontes naturais como junco, galhos, pedras ou peles. Em alguns casos, o instrumento é descartado após ser tocado; em outros, adquire uma significação e uma identidade mágica, e é reverentemente preservado.

2. *Música da ambiência (ambiental)*

A música ambiental ou étnica dos povos representa um desenvolvimento da utilização primordial do som musical. Há nela uma qualidade culturalmente única, que está intimamente relacionada com a terra de origem. É essa qualidade que torna a música folclórica capaz de ser reconhecida instantaneamente. A música da Espanha ou da Escócia, por exemplo, tem vida própria, e cada uma tem uma entidade à parte em termos de forma, espírito ou tradição imaginativa. Nunca é possível confundi-las com outras, embora um estudo detalhado da música folclórica de diversos países acabe por revelar muitos paralelos próximos. No Oriente, a música étnica sempre constituiu o cerne da grande música clássica associada à religião; a composição individual é menos importante do que saber recriar com imaginação dentro de uma tradição viva. No Ocidente, contudo, um sistema educacional tendencioso, ignorante e preconceituoso nos impinge uma perspectiva cultural elitista e errônea. Sempre nos ensinaram, muito erradamente, que a música "artística" dos compositores é incomparavelmente superior à música "folclórica" do povo.

Durante a revolução musical do início do século XX, uma série de compositores europeus e americanos voltaram-se para a música folclórica de seu país como uma fonte revitalizante da criatividade individual. Nisso, eles restabeleceram a ligação entre o estereótipo virtualmente moribundo da "música artística" e o manancial da consciência musical de uma comunidade. Todavia, esse reconhecimento da música folclórica não é idêntico aos processos vitais de uma tradição imorredoura: trata-se de um fenômeno exclusivamente cultural e artístico [3].

A música ambiental constitui uma ampla base para a criação e a composição musical. Ela é a expressão musical de um grupo que vive há muitas gerações na terra natal. A consciência musical partilhada por essas pessoas é tão proteana que freqüentemente retornam a ela em busca de inspiração, de modelo e até mesmo de revelação.

3. *Individual*

As pessoas criativas acabam por se cristalizar a partir das matrizes do seu meio ambiente e da cultura. Nos primeiros estágios, como na civilização grega da Antiguidade, a individualidade é contida dentro da matriz cultural; esse esquema preponderou até o período medieval na Europa, e persiste nas tradições orais (folclóricas) até hoje. Em outras palavras, nenhuma orientação ou notação *personalizada* define qualquer unidade específica de composição musical. Essa música é forte e vigorosa, caracteristicamente pessoal, mas é, em essência, cooperativa e anônima [4].

É justamente essa qualidade cooperativa que costuma frustrar os intérpretes modernos da música mais primordial, mesmo quando se trata de períodos recentes, como a Renascença. Pois essa música, embora quase sempre fosse composta individualmente, constituía parte de uma tradição social e musical orgânica, e tinha suas raízes na transmissão oral. Algumas das obras mais verdadeiramente grandes, e mais frustrantes, desse tipo de música só podem ser compreendidas à luz das tradições orais, e em alguns raros casos somente no contexto de tradições mágicas ou simbólicas específicas — tradições embutidas nos ensinamentos tradicionais, tanto religiosos ortodoxos quanto altamente não-ortodoxos [5].

4. Clássica

A última era é o período clássico da música européia dos séculos XVIII e XIX, e ela se estende pelo século XX adentro. Embora tradições intelectuais de longa data sejam evidentes na música artística formal, ela não obstante se degenera numa série rígida de entidades congeladas no papel pelo sistema de notação. As tradições tornam-se tradições de estilo, ou mesmo de afirmação, e não mais áreas de consciência e experiência partilhadas.

Quando esta quarta fase começa a entrar em colapso, presenciamos a fermentação difícil e caótica do formalismo em declínio. Tanto a música séria quanto a popular modernas ostentam atitudes revolucionárias, mas ambas são fortemente controladas por crescentes pressões comerciais. A mídia de massa transformou rapidamente a música, de uma arte de comunicação, numa indústria.

Como estamos discutindo a metafísica musical, ou a alquimia da música, e as alterações na consciência, devemos nos afastar deliberadamente do estudo oficial da história da evolução musical. Não há nenhuma sugestão para que as Quatro Eras da Música e da Consciência substituam ou complementem teorias ou obras mais detalhadas e mais abrangentes da história musical. Elas são apenas um simples indicador de fases de que estão simultaneamente presentes como sementes, em cada período cultural.

Cada um dos nossos quatro estágios gerais de desenvolvimento (veja a figura 1) possui um aspecto vital em comum: *todos usam seqüências naturais de sons produzidos por fontes físicas.* Essas fontes incluem a voz humana e toda a ampla variedade de instrumentos musicais fisicamente seletivos e controlados. Essa afirmação pode parecer um tanto óbvia e superficial, mas toca no âmago da música mágica ou metafísica, e deve ser considerada com grande cuidado.

Se definirmos este final do século XX separadamente, teremos uma Quinta Era, ainda em transição ou formação: a das fontes musicais eletrônicas. A presença da eletrônica na música, de um sistema de controle sintético das ondas sonoras, é algo cuja aplicação traz novidades espantosas, mas cujas implicações mais profundas são muitas vezes relegadas ou ignoradas pelo músico ou compositor. A maior parte da música eletrônica, infelizmente, ainda se encontra no estágio da brincadeira ou da imitação (falo em 1987), ao passo que a velocidade com que os equipamentos evoluem supera, em muito, sua utilização e aplicação criativa pelos seres humanos.

Na realidade, os sintetizadores analógicos e os computadores digitais, amplamente usados na música popular e na música séria moderna, não reproduzem ou sintetizam genuinamente as notas musicais físicas geradas pelos instrumentos naturais ou pela voz humana. A sintetização do som é incapaz de recriar as seqüências encontradas na natureza, seqüências de extrema complexidade e variação.

As escalas musicais são seqüências de tons ascendentes e descendentes selecionados (notas graves e agudas em ordem). Em decorrência da teoria do *sistema temperado*, desenvolvida para a afinação dos instrumentos de teclado, diversos intervalos (ou distâncias sonoras) naturais e diferenças entre notas graves e agudas são intencionalmente corrompidos ou alterados. Voltaremos a falar do sistema temperado, que é um sistema de transigências e adaptações. Por ora, basta dizer que ele possui efeitos desastrosos quando combinado com as teorias matemáticas usadas para projetar instrumentos eletrônicos [6].

Nos sintetizadores — e particularmente nas máquinas de seleção digital, nas quais os sons são programados e reproduzidos num teclado comum como música —, uma série de escalas, in-

Figura 1 — As Quatro Eras da música

O Modelo das Quatro Eras é bastante nítido na cultura do Ocidente, mas a cultura ocidental tem um efeito poderoso em todo o mundo. As Quatro Eras não estão limitadas à história cultural do Ocidente, mas refletem um padrão que aparece, coletiva e individualmente, em toda a humanidade.

Hoje ainda existem culturas nas Eras Primordial e Ambiental, ao mesmo tempo em que foi a expansão da cultura ocidental que impulsionou o mundo como um todo ao atual período de transição (o Quinto), um período de fermentação caótica.

Embora as Quatro Eras se manifestem num tempo histórico linear, esse aspecto seqüencial é confirmado pelo fato de cada Era estar presente em semente ou potencial em qualquer outra Era aparente. Assim como os Quatro Elementos, nenhuma Era existe isoladamente, sem um fundamento relativo às outras três. Portanto, se analisarmos detalhadamente qualquer cultura, encontraremos aspectos da música primordial, individual, ambiental e artística, independentemente da Era predominante.

Elementos ou eras	*Individualidade*	*Período cultural*
Música primordial	A voz	Primitivo/ pré-histórico
Música ambiental	Expressão através de música/canções em grupo	Tradições orais duradouras através do tempo
Música individual	Criatividade individual destilada de tradições coletivas	Alta Idade Média, até séculos XVIII e XIX
Música clássica	Indivíduo isolado; composição artística/formal; hoje em dia totalmente escrita	Período rígido e elitista; séculos XIX e XX
Música contemporânea	Indivíduo busca nova música dentro/além do formalismo decadente; música popular em grande escala; experiências com novos instrumentos	Colapso de culturas; séculos XX e XXI

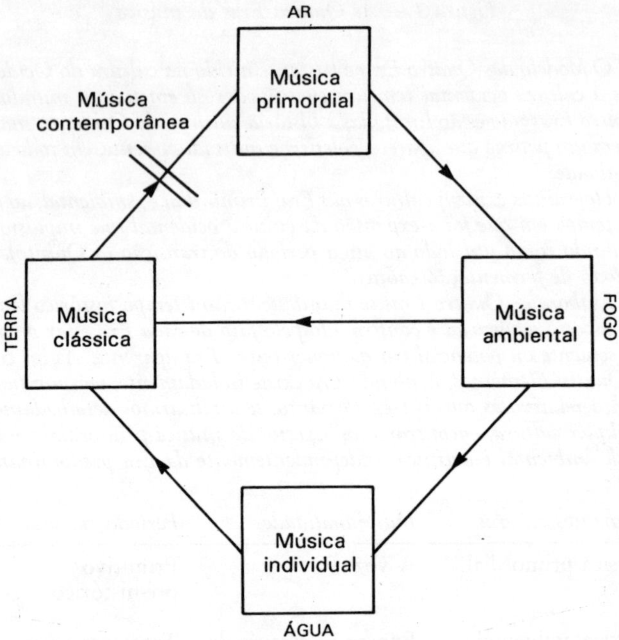

tervalos e harmônicos são gerados. Esses são totalmente exatos em teoria, e têm ótima aparência nos gráficos e nas análises visuais, mas soam bastante artificiais. Eles literalmente não se assemelham a nada que exista na natureza.

Como compositor profissional, já trabalhei com alguns instrumentos computadorizados digitais bastante avançados. Eles parecem poupar esforço e trabalho, são muito atraentes e sua acústica é intrigante; mas revelam-se surpreendemente pouco versáteis se quisermos ir além das fronteiras dos sons sintetizados da moda. Na realidade, eles não conseguem sintetizar um instrumento musical natural com qualquer sucesso real. Os fatores presentes num instrumento natural de sopro ou de cordas, ou na voz humana, são profundamente complexos, e a quantidade de *hardware*, de *software* e de programação especializada necessária para simplesmente chegar próximo a essa complexidade é assustadora. Mais especificamente, o tempo que se gasta para instalar e operar tais instrumentos é terrivelmente longo, e terminamos nos vendo na situação absurda de estarmos rodeados por metros cúbicos de aproximadíssimos instrumentos que valem centenas de milhares de dólares ou de libras, para gerar um som que pode ser perfeitamente produzido por um instrumento simples de corda ou por qualquer flauta rústica.

O uso desses sintetizadores na música moderna, e especialmente na música comercial, é um reflexo claro de nossa cultura; nós rejeitamos o natural e o substituímos pelo intensamente artificial. Durante o apogeu da composição clássica, essa rejeição era uma questão de formalismo *criativo*; hoje ela se manifesta plenamente na *expressão*, como uma síntese física que substitui as fontes orgânicas de sons pela geração eletrônica deles. A rejeição da natureza por parte dos seres humanos passou do domínio criativo para o domínio da expressão. Podemos ver esse processo claramente na figura 2, um quadro metafísico tradicional dos Quatro Mundos de involução do espírito para a matéria. Longe de ser um modelo conceitual redundante e antiquado, esse diagrama se aplica diretamente aos padrões culturais, ao mapeamento psicológico, ao crescimento físico e, em nosso contexto, ao desenvolvimento musical através da história. Em termos mais esotéricos, ele representa o esquema fundamental de origem tanto do complexo psique/corpo individual do universo material.

1. ORIGINADOR / Ar em Fogo
2. FORMATIVO / Fogo em Água
3. CRIATIVO / Água em Terra
4. EXPRESSIVO / Terra em novo ciclo

A progressão tradicional, passando pelos Quatro Mundos ou estágios da manifestação. Na música, isso seria mostrado assim:

1. PRIMORDIAL / Ar em Fogo
2. AMBIENTAL / Fogo em Água
3. INDIVIDUAL / Água em Terra
4. CLÁSSICO / Terra em novo ciclo
(5. MODERNO / Em transição)

Os estágios se fundem gradualmente e não são separados uns dos outros por fronteiras rígidas.

Figura 2 — Os Quatro Mundos da manifestação

As Quatro Eras da música e da consciência aplicadas

Para descobrir os princípios que estão por trás da música — as configurações, aparentemente secretas, que alteram o nosso estado de consciência —, devemos primeiro avançar pelas Quatro Eras e pelos cinco estágios descritos acima. Como o quinto estágio é a nossa própria época, crucial e de transição, podemos encará-lo como o ponto de intercâmbio entre o final da Quarta Era (o classicismo) e o início de um novo ciclo.

Se seguirmos essa simples divisão das Eras — tendo sempre em mente que elas se sobrepõem e se inter-relacionam de diversas e complexas maneiras (veja a figura 2) — poderemos montar uma história da evolução e regressão cultural, expressa através do desenvolvimento da música do período pré-histórico aos dias de hoje.

Antes de embarcarmos nessa história, que só pode ser apresentada de maneira extremamente breve num livro pequeno, há uma lei fundamental de analogia que deve ser considerada. *Os estágios de desenvolvimento cultural (expressos na música vocal e instrumental) são diretamente análogos aos estágios criativos ou mágicos da música utilizada para alterar a consciência individual.*

Conceito musical primordial é aquele que foi *socialmente* expresso no passado distante ou pré-histórico; uma compreensão concreta desse conceito é hoje possível no interior do ser humano. É essencial que não confundamos os padrões e configurações primordiais do passado coletivo com as sementes da consciência que os levaram a ser expressos em sua própria época e local. Tais sementes ainda existem dentro de nós, em nossa própria consciência, prontas para transformar o presente se forem despertadas e levadas de maneira correta à realização.

Em outras palavras, poderemos demonstrar certas leis primordiais mágicas ou metafísicas da música fazendo referências a povos pré-históricos, ou aos gregos e celtas, ou aos músicos herméticos do final da Idade Média e da Renascença. Mas não precisamos copiar ou imitar o seu modo de vida. No presente, efetuamos essas mudanças mágicas e musicais em nós mesmos, sem reproduzir o que as pessoas eram no passado histórico.

A semente musical — as chaves primordiais dos estados alterados de consciência e da modelação do som (a música metafísica) — manifesta-se nas linhas de menor resistência de cada cultura. A linha ou canal mais amplo é o da imaginação comunitária, expressa como música nacional ou folclórica. Esta foi substituída e usurpada, em grande parte, pela música comercial, lançada por empresas comerciais e pela mídia.

Por trás (ou dentro) desse escoadouro musical da consciência partilhada de uma comunidade está a nossa série de padrões ou configurações, as seqüências concentradas pelas quais a música representa e recria alterações na consciência. Em cada século surgem alguns estudos específicos sobre os efeitos mágicos da música, e há ainda muitas escolas ativas que empregam sistemas musicais para alterar a consciência — entre as quais se incluem, é claro, as Igrejas ortodoxas. Nessas práticas, existe um cerne de metafísica e metapsicologia que se estende muito longe para trás no tempo, uma vez que suas leis e práticas simples são efetivamente eternas[7].

A música e os estados alterados de consciência hoje

Uma série de padrões ou sistemas básicos permanecem surpreendentemente constantes, e ainda são amplamente disseminados como tradições orais de música. Tais tradições assumem duas formas de expressão, ainda que ambas estejam interligadas de diversas e fascinantes maneiras.

A primeira é a música oriental "clássica" ou formal, na qual tradições artísticas e religiosas específicas são incorporadas em formas conhecidas e razoavelmente rígidas. Tais formas não são rígidas no sentido europeu de composição e notação individual, mas sim por serem matrizes rigorosas e pouco flexíveis para a narração de alguma lenda, peça dramática ou ritual, ou por tornarem-se elas mesmas um rito religioso formalizado.

A segunda é a música folclórica, tanto do Oriente como do Ocidente, na qual um corpo proteano de músicas e canções é armazenado e recriado na consciência grupal de uma comunidade. Essa consciência vai despontando com nítida coloração racial e regional, embora a música oral de todo o mundo possua algumas características comuns. No Oriente, a música folclórica está inextricavelmente ligada à música formal ou clássica, ao passo que no Ocidente esse elo é mínimo, existindo apenas na obra de alguns compositores específicos.

Se examinarmos esses dois caminhos da música, expressos por uma consciência grupal ou racial, veremos que o primeiro (a tradição ortodoxa formalizada, ou "classicismo") possui uma tendência perpétua à degeneração, à involução e à calcificação.

Essa tendência é mais evidente na música européia, e tem sido a causa de inúmeras revoluções musicais.

No Ocidente, a coesão musical provém do materialismo, seja dos grupos patrocinadores seja de interesses comerciais, ao passo que o Oriente ainda guarda uma vigorosa coerência religiosa, permitindo que as tradições musicais formais sobrevivam por longuíssimos períodos de tempo. O segundo caminho da música, como consciência grupal de uma comunidade (as tradições orais ou folclóricas), tem a tendência a tornar-se estático e ultra-conservador ao divorciar-se do fluxo principal da cultura geral. Essa é precisamente a situação do Ocidente hoje, onde um notável corpo de músicas e canções, outrora partilhado por muitos, vai rapidamente desaparecendo em sua forma genuína[8].

Podemos ver muito claramente esse elemento de destruição no desenvolvimento da música popular do Ocidente a partir da música folclórica. Entre as décadas de 50 e 80, alguns padrões musicais básicos, provenientes de uma música minoritária dos Estados Unidos, transformaram radicalmente a consciência em todo o mundo. Mediante uma exploração implacável e impiedosa da mídia, a música popular tornou-se um instrumento de manipulação em vasta escala.

A partir do *folk & blues* original nasceu o *rock-and-roll*. Este, por sua vez, tornou-se o *rock* da década de 60, que logo se transformou no híbrido *pop* moderno. É interessante comparar o produto moderno com suas origens folclóricas relativamente recentes. Em duas gerações, houve uma degradação na qualidade da música e dos versos, exceto no caso de alguns compositores excepcionais. Outra grande involução foi a da técnica e da validade social do material musical em si. A música popular já não expressa a voz do povo — a menos que aceitemos que as pessoas só precisam de idiotices e banalidades.

E embora alguns talentos criativos individuais se destaquem no campo popular, a ênfase, neste final do século XX, recai sobre a *apresentação visual*. Habilidade e criatividade musical só entram num longínquo segundo ou terceiro plano na ordem das prioridades. Muitos artistas musicais e dramáticos famosos são verdadeiramente incapazes de cantar ou de tocar qualquer instrumento, e se valem da pantomima, usando *playbacks* produzidos por músicos profissionais ou gerados nos laboratórios eletrônicos dos estúdios de gravação. Essa tendência bizarra é hoje considerada normal, refletindo as pressões que existem para escapar para os domínios artificiais e sintéticos da fantasia. Esses domínios são concebidos para lucro de uma minúscula minoria às custas da maioria. Mas os lucros e prejuízos não são meramente monetários; seu verdadeiro poder está na redução da imaginação da comunidade a um conjunto unificado e vulgarizado de estereótipos.

Curiosamente, encontraremos essa mesma situação musical e psicológica expressa no passado histórico, na liturgia das Igrejas ortodoxas. A diferença essencial, contudo, é que a Igreja baseou seu uso das chaves sonoras ou mágicas num fundamento espiritual, tomado diretamente da profunda metafísica musical dos antigos combinada com os usos mágico-religiosos das tradições folclóricas comuns[9]. Por mais redundante que uma religião formal se torne, ela ainda guarda uma semente de verdade interior em alguma parte do seu âmago. Mas não podemos dizer o mesmo da música comercial popular, que é a religião geradora de imagens de nossa sociedade atual.

Pode parecer, por estas páginas, que estamos defendendo uma volta ou retorno esquivo ao ambiente cultural de um passado romântico. Essa não é a nossa intenção, e não devemos cair na armadilha análoga, mencionada acima, em que os conceitos seminais de uma das Quatro Eras teóricas são confundidos com as formas sociais ou culturais pelas quais eles surgem historicamente.

Longe de sugerir que devemos buscar refúgio num "passado" ilusório e inexistente, devemos usar nossa música aplicada para assumir plenamente o presente. O presente é a fonte derradeira de todo ser, da qual o Som primordial da Criação é constantemente emitido. Se tentarmos manter nossa consciência viva através da música, devemos empregar uma música que reflita uma presença eterna. Nem o passado romântico nem o pseudofuturo materialista seriam suficientes.

3

Música primordial — a música e o poder originador

A música original, equivalente à música primordial na consciência humana e também na sociedade, é *física* e *metafísica*, biológica e psicológica, material e espiritual. Suas raízes estão no desconhecido; contudo ela manifesta sua presença no mundo material como vibrações sônicas ou sonoras. E possui ainda a notável propriedade de redespertar o desconhecido, o misterioso, na consciência do ouvinte.

Essa presença da música em dois mundos, o físico e o metafísico, é uma característica do modo como evoluímos na música, tanto no nível coletivo quanto no individual. Mas trata-se de uma característica que desapareceu nos últimos tempos, deixando a música inteiramente no domínio do mundo material, o que vale dizer, numa concepção errônea de mundo, sujeita rígida e exclusivamente a fantasias materialistas. Num dos extremos, essa visão desequilibrada de mundo gera os excessos da música moderna séria; no outro, favorece o comercialismo ostensivo da produção musical popular.

Os magos e metafísicos da Antiguidade ensinavam repetidamente que a emissão física de som em si, particularmente de freqüências e padrões selecionados (música), é reflexo de uma realidade espiritual interior[1]. Essa realidade interior possui um potencial de transformação, pessoal e impessoal. Se quisermos utilizar hoje a música para alterar nossa consciência, devemos antes redescobrir essa qualidade primordial e depois aplicá-la em nós mesmos. Como possui uma expressão física, ela pode ser transferida diretamente de consciência para consciência, sem as longas interfaces do simbolismo meditacional ou da cerimônia religiosa. O mago não só usa a música para provar a existência de estados alterados de percepção e cognição, de outras dimensões e de outros mundos, como também imbui desse conhecimento o próprio som musical, transferindo-o para aqueles que porventura venham a ouvi-lo.

Embora se relacionem entre si, escutar, ouvir e compreender são processos diferentes, e, apesar de podermos ouvir, ou mesmo escutar, os elementos mágicos da música, nós não os reconhecemos nem os compreendemos necessariamente. No sentido mais grosseiro, isso acontece com a música dos comerciais de televisão e as músicas *pop*, em que a própria banalidade possui um efeito soporífero ou estimulante sobre os estereótipos de nossa imaginação. A diferença entre o ouvir consciente e o ouvir inconsciente vai muito além de uma mera análise intelectual.

Uma das metas de nosso estudo da música e dos estados alterados de consciência é revelar precisamente o que nossos ouvidos estão escutando, é superar as lacunas que a consciência cria entre a música exterior e a interior, entre a expressão e a imaginação — e, sobretudo, entre as energias inerentes aos padrões musicais e as energias correspondentes, mas isoladas, de nossas expressões psíquica e física combinadas.

Por que a música é tão mágica? Por que as revelações espirituais e os modos de consciência mais profundos tradicionalmente são atingidos através do canto, durante a emissão ou recepção de certos padrões musicais? A resposta mais antiga e perene é que a música é um eco do impulso da criação divina.

Superficialmente, essa pode parecer uma afirmação muito ortodoxa e antiquada. Entretanto, os físicos modernos vêm postulando diversas teorias da criação que em pouco diferem do conceito do Sopro Primordial ou do Verbo Criador encontrado nas crenças mágicas, metafísicas e religiosas de todo o mundo. Nossa tese aqui, contudo, não é uma tese religiosa ortodoxa, e a argumentação musical/psicológica não nos levará a nenhum culto, Igreja ou prática religiosa específica. Trataremos das questões místicas e vitais subjacentes a todas as religiões, a todas as descobertas criativas acerca da realidade e a todos os aspectos da consciência.

A palavra-chave "espírito" deriva do conceito de sopro ou respiração, e o termo "inspiração" ainda é usado como uma referência direta a um influxo de energia de alguma misteriosa fonte desconhecida[2]. A inspiração musical pode ser criativa ou receptiva, ativa ou passiva. Podemos ser inspirados a criar uma peça musical, ou sermos inspirados pela mesma obra. O meio para haver uma transferência entre esses dois pólos (o ativo e o passivo, ou o criativo e o receptivo) é o elemento Ar, através do qual as ondas sonoras ou padrões musicais se propagam da fonte até o ouvido.

Na música metafísica ou alquímica, o ar físico exterior, agindo como um meio de comunicação e transferência para as vibrações, é a expressão de um Ar mais sutil e do mesmo Espírito originador que, num sopro, fez vir o Tudo do Vazio.

No nível humano, os conceitos ou imagens são encapsulados numa forma musical e transferidos diretamente de pessoa para pessoa; mas esse processo se solidifica rapidamente numa série de fórmulas. O exemplo mais óbvio disso é o sistema de notação, com o qual uma obra musical é congelada — ainda que a solidificação numa fórmula-padrão ocorra não só no nível da expressão como no da criação.

Metafisicamente, esse congelamento corresponde ao Sopro Primeiro que emite *Verbos* a partir do Vazio; estes se cristalizam rapidamente em *Mundos* ou ordens de manifestação.

Antes de prosseguirmos, devemos considerar este conjunto de conceitos como uma analogia da consciência no seu sentido moderno, pois há uma enorme distância, uma brecha mesmo, entre o campo unificado ou a ressonância interligada dos mundos da Antiguidade e a teoria de uma psique individualizada que luta pela sobrevivência.

Na filosofia antiga, preservada e por vezes oculta nos escritos alquímicos ou herméticos, afirmava-se existir um elo entre a consciência humana e a consciência maior do mundo ou dos Mundos criados. Quando os teosofistas renascentistas revitalizaram ou reescreveram o que haviam herdado da sabedoria pagã clássica, aplicaram esse legado como um corretivo para a visão de mundo separatista e ameaçadora da religião ortodoxa — isto é, um corretivo da imagem de almas aprisionadas numa escolha nítida e precisa entre céu e inferno, na qual o mundo da natureza é uma cilada e uma ilusão propiciadora do pecado. Hoje podemos usar as mesmas filosofias da Antigüidade como um corretivo contra o materialismo desenfreado, contra o conceito de um esforço evolucionário e de uma psique encastelada num deserto de acontecimentos hostis e desconexos.

Tal transformismo prevalece não apenas na psicologia moderna, mas também como um paradigma da privação humana que vem de longa data. Partindo da consciência arquetípica unificada ou pan-seminal das primeiras culturas pagãs, reduzimos nossa visão de mundo a uma dualidade com o cristianismo (Deus ou Diabo, céu ou inferno), enquanto com o materialismo ateu nós a reduzimos a uma única consciência isolada, desconexa e sem sentido.

Esse modelo transformista é encontrado na música, e é ele que sustenta e corrige nossa costumeira imagem histórica da chamada evolução da consciência musical. Nas culturas primevas e primordiais, nas quais a música era uma reação coletiva e holística às intimações de uma consciência partilhada, surgiu uma música unificada e onírica. Nós ainda podemos encontrar essa música, até certo ponto, na grande música clássica do Oriente e nos fragmentos da verdadeira música folclórica do Ocidente.

A religião cristã formal teve uma profunda influência sobre a música européia; essa influência não foi apenas de aplicação da técnica musical (como freqüentemente se afirma), pois a música comum das pessoas é que foi aplicada à liturgia da Igreja, e não vice-versa[3]. Ela se exerceu sobre a consciência de muitas gerações, e levou diretamente ao desenvolvimento de aspectos da música que na sociedade de hoje aparecem refletidos como capitalismo e materialismo.

Em termos mais específicos, foi a disputa dualística e autoritária (Deus e Diabo, fé e heresia, livre-arbítrio e ordenação divina) que criou a música formal da Europa. Atravessando uma série de estágios nos quais a música litúrgica e a música individual pareceram separar-se uma da outra, nós não obstante acabamos por chegar à situação em que a chamada música clássica européia surgiu. Essa música, que contém muitas realizações maravilhosas e transcendentes, baseou-se na antiga dualidade; era a música de uma elite socialmente seleta e privilegiada, da qual a maioria da sociedade estava excluída. Era a música da dominação masculina estereotípica, confinada a um sistema convencional e rígido de composição, notação e apresentação.

Quando a autoridade religiosa finalmente se desintegrou, o estereótipo passou para as mãos da ciência, gerando-se o indivíduo isolado e à deriva num mundo sem sentido algum (mas cientificamente demonstrável). E passamos a encontrar o fascínio dos céus no sentido material, com suas ilusões de realização pessoal ou de sucesso, ou meramente de bens e propriedades. Mas esse é um céu individual estanque, destituído de qualquer valor coletivo ou mais profundo.

Na música tivemos a experiência de diversas revoluções, tanto nas obras sérias de vanguarda quanto na música popular disseminada com o avanço da tecnologia. Na consciência comum, a tendência é para uma crescente fragmentação e um isolamento cada vez maior; esse processo é encontrado mais claramente na música comercial, em que pequenos fragmentos ritualizados de melodia e ritmo são acompanhados por imagens dramáticas efêmeras (o *videoclip*), nas quais o comprador poderá identificar algo de si por alguns minutos. Logo este estereótipo musical é substituído por outra peça de mercadoria, e assim por diante.

O potencial para unificar esses fragmentos está presente, mas raramente é percebido, por uma variedade de motivos políticos e financeiros e pelo problema mais sutil de a própria indústria musical estar aprisionada nesse sistema ilusório — a despeito de seu próprio cinismo e da grosseira psicologia de manipulação do consumidor de que faz uso.

Essa é a situação atual, e ela é evidentemente semelhante à do mundo da música primordial, mas com várias diferenças extremamente importantes. Em ambos os casos, temos imagens partilhadas por grande número de pessoas, sendo a música mantida nos limites de uma consciência comum. Mas a música primordial tinha raízes em relações profundamente regeneradoras com a natureza, com imagens de deuses e deusas, e com uma consciência grupal em que não havia divisão entre os mundos interior e exterior. O meio em que ocorria esse compartilhamento era a psique coletiva e uma vigorosa memória grupal expressa pela música, pela poesia, pela dança e pelo canto.

Em nossa cultura popular moderna, a música se enraiza num conjunto intencionalmente efêmero de relações com uma busca ininterrupta e sempre mutante de novidades, com as imagens dos artistas populares e com uma consciência grupal totalmente dirigida ao mundo exterior e às suas modas e vogas. O meio em que ocorre o compartilhamento é uma distribuição individual de tecnologia, na qual a memória é substituída por sistemas eletrônicos de armazenamento e recuperação de informações que transferem a atenção para o exterior e dissolvem sem cessar todas as manifestações contínuas de consciência grupal criativa.

Essa comparação também pode ser estendida à música séria moderna, que opera para um grupo social menor, mas que tende a práticas semelhantes: tecnologia cada vez mais avançada de reprodução musical, síndrome do artista-estrela, aumento de músicas altamente isoladas e inacessíveis — sendo esta última a única diferença intelectualmente significativa entre a música séria e a popular.

Quando os modelos antigos de Sopro, Verbo e Mundos são usados em nossa argumentação, não devem ser vistos como termos religiosos ou carregados de mistério. Trata-se apenas de um conjunto alternativo de conceitos que nos permitem resumir rapidamente e referir comparações extensas como as dos parágrafos acima. A degeneração ou involução da música e da expressão social, a polarização dos contrários, e a externalização derradeira que se aproxima da origem primordial (e aqui estão todas as fases musicais e sociais rapidamente resumidas) são expressas, bastante claramente, num mapa ou glifo popularmente conhecido como *Árvore da Vida*. Longe de ser um instrumento de superstição ou algum incompreensível mistério de uma confraria oculta elitista, a Árvore da Vida é um modelo auxiliar flexível e bastante acessível, que nos permite compreender a música e os estados alterados de consciência.

Como a Árvore da Vida será usada repetidamente em nossa argumentação principal, e como ela constitui o fundamento dos paradigmas de polaridade que brotam da consciência (dentro do sistema de análise usado aqui para associar a música à psique humana), um breve resumo e uma definição mostram-se essenciais neste momento. Eu gostaria de ressaltar que todo leitor que desejar aplicar os métodos musicais, psicológicos, mágicos ou terapêuticos, ou os exercícios dos próximos capítulos, deve estudar a descrição e os diagramas da Árvore da Vida. Além disso, o material publicado sobre a Árvore da Vida muitas vezes é contraditório, confuso e sectário. O leitor, já familiarizado com uma ou outra variante, e mesmo o meditador ou o praticante experiente dos simbolismos da Árvore, não deve sentir-se tentado a passar por cima das reiterações ou reformulações apresentadas aqui, uma vez que oferecem chaves claras a este sistema, sem pretender substituir ou disputar outros usos desse glifo (que é universal e ilimitado e, portanto, aberto a infinitas aplicações e variações).

A Árvore da Vida

Na Europa, durante o período medieval, surgiu uma estrutura simbólica em forma ilustrada, baseada nas polaridades masculino/feminino e positivo/negativo. Essa ilustração hoje é conhecida como a Árvore da Vida da cabala e desempenhou um papel importante na literatura e na prática metafísica e mágica do Ocidente durante vários séculos.

Embora se diga que a Árvore da Vida é de origem hebraica, tal suposição já não é mais válida. A literatura desse período incorporou a Árvore através da tradição mística judaica na Europa, mas lá ela fundiu-se com uma outra Árvore da Vida nativa (não-matemática em sua apresentação). As duas variantes são representações significativas, mas não as únicas, de um glifo ou mapa de polaridades muito difundido. As polaridades indicadas identificam-se tanto com a consciência humana e a expressão física (o microcosmo), quanto com a criação e a manifestação solar ou estelar (o macrocosmo)[4].

As mesmas leis de polaridade e proporção eram conhecidas pelos gregos antigos; nós as conhecemos hoje na forma dos sólidos platônicos, um conjunto de modelos conceituais, e também através dos ensinamentos tradicionalmente atribuídos a Pitágoras — que utilizou a música como prova de leis universais [5]. A Árvore da Vida moderna deve tanto às origens clássicas como ao misticismo ou à astrologia celta e do Oriente Próximo.

Utilizaremos essa chave simbólica de diversas maneiras em nossa análise da música; mas não por ela ser um emblema da religião ou da superstição, e sim devido à sua extrema sutileza de expressão. Ela serve como um mapa-mestre, mostrando relações e conceitos que se tornam difíceis de colocar em palavras. Tem sido empregada por muitos mestres e escritores, em obras obscuras sobre magia ritual, em textos alquímicos, em tratados musicais jesuíticos e, mais recentemente, em livros populares sobre psicologia[6].

A figura 3 merece um estudo cuidadoso, pois nos remeterá mais facilmente ao texto principal, sendo recomendável que se reflita a seu respeito.

Um conhecimento detalhado do grande número de correspondências imputadas à Árvore da Vida na literatura é dispensável. Torna-se muito fácil e simples acompanhar os argumentos musicais quando se entendem as formas e relações implícitas entre os pólos ou estações da Árvore da Vida. Muitas das correspondências encontradas na literatura são imprecisas e redundantes, e algumas versões são intencionalmente confusas, para desnortear e aturdir o estudante.

A Árvore da Vida é formada por três pilares ou polaridades:
O do meio: neutro/equilibrante
O da esquerda: catalítico/receptivo
O da direita: analítico/ativo

Cada Pilar polariza o fluxo entre as Esferas (ou Qualidades de Ser), que interagem entre si. Cada Esfera possui uma polaridade específica que se reflete na psique elemental humana. Tradicionalmente, cada Esfera é associada a um planeta.

Todas as dez Esferas estão unidas por caminhos. O diagrama ou "circuito" das polaridades mostra as configurações cósmicas e individuais num símbolo plano acessível à mente humana.

Esfera	*Polaridade*	*Qualidade*	*Planeta*
Um	Origem (pré-polaridade)	Origem	(Urano)
Dois	Masculina	Sabedoria	Netuno
Três	Feminina	Compreensão	Saturno
Quatro	Masculina 2	Misericórdia	Júpiter
Cinco	Feminina 2	Severidade	Marte
Seis	Equilibrada (masculino/feminino)	Beleza	Sol
Sete	Feminina 3	Vitória	Vênus
Oito	Masculina 3	Glória/Honra	Mercúrio
Nove	Em resolução (equilibrada)	Fundamento	Lua
Dez	Expressão de todas as Esferas	Reino	Terra

O Abismo é a ruptura ou fenda entre a consciência Originadora e o restante da Árvore da Vida, simbolizado pelo planeta Plutão.

As atribuições planetárias clássicas são tristemente confusas para o leitor comum; suas polaridades refletem símbolos culturais tomados fora de contexto, com figuras masculinas (Saturno e Marte) substituindo duas figuras femininas essenciais dentro da Árvore.

Esfera	*Atributos simples*
1. A Coroa	Ponto universal de Origem. O Sopro Primeiro.
2. Sabedoria	A Palavra Poderosa. A explosão de estrelas.
3. Compreensão	Espaço. A Mãe Abissal.
4. Misericórdia	Energias de "Dar". Construção.
5. Severidade	Energias de "Receber". Negação.
6. Beleza	Equilíbrio. Energias num estado de Harmonia.

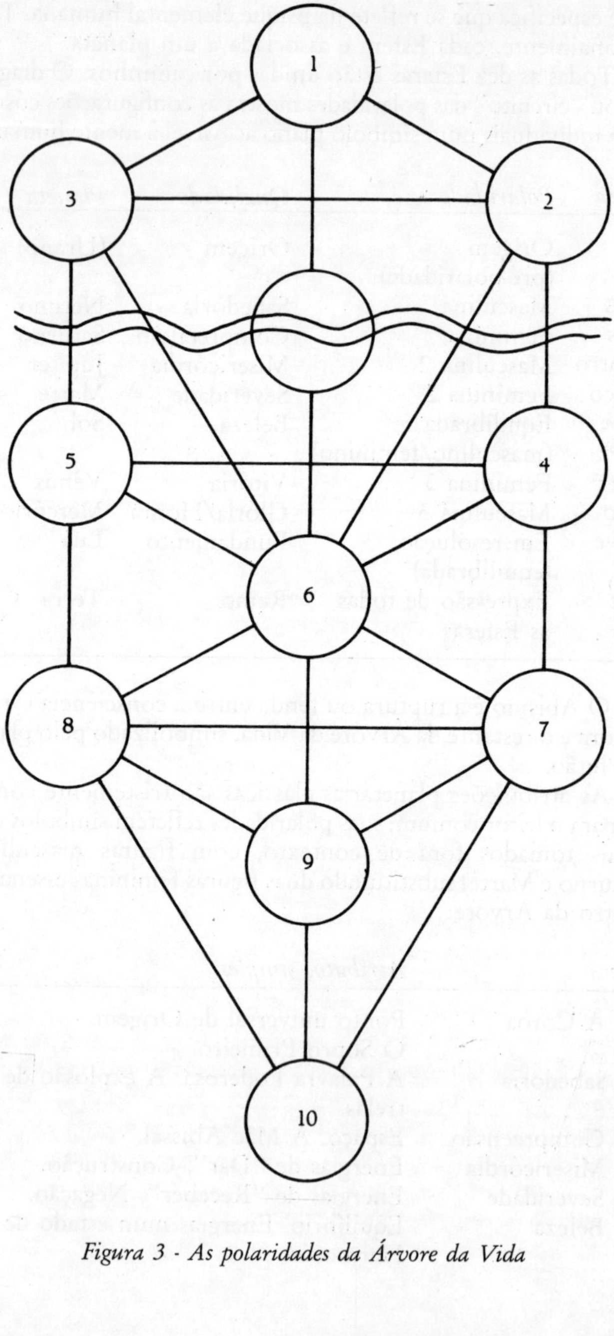

Figura 3 - As polaridades da Árvore da Vida

7. Vitória	Energias polarizadas como modos (ou estados) de consciência (emoções).
8. Honra ou Glória	Energias polarizadas como modos (ou estados) de consciência (intelecto).
9. Fundamento	Matriz biológica das energias.
10. Reino	Expressão de todas as energias combinadas com o mundo coletivo externo (mundos psicológico, biológico e material).

Os Caminhos da Árvore da Vida formam imagens e símbolos sacro-mágicos ou físicos que retratam as interações entre as diversas Esferas. Esses caminhos não estão incluídos no resumo aqui apresentado, mas tradicionalmente são indicados como os Trunfos ou Chaves do Tarô.

No simbolismo musical, os Caminhos representam tons combinados (quando duas notas são tocadas juntas, criando freqüências que interagem entre si), além de representar a *via de acesso* ou qualidade da emissão de cada tom ou timbre metafísico. A maioria das Esferas podem ser alcançadas de pelo menos três direções ou Caminhos; na música, ou nos tons vocais, estas seriam as três *qualidades da emissão sônica*, que são condicionadas pela consciência de cada par de Esferas que unem o Caminho em questão.

Música primordial

A música primordial provém diretamente do Sopro da Vida. No organismo humano, é desse sopro que provém a voz. A voz é nosso instrumento primordial de comunicação, de emoção e de inspiração; dela dependem as unidades verbais de significado e as formas musicais constituídas por tons ascendentes e descendentes (as escalas musicais).

Quando ouvimos certos tipos pouco usuais de música ou canto — como um mantra budista, uma prece muçulmana ou um cantochão cristão —, estamos recebendo música primordial em diversos graus de complexidade e estrutura. No Ocidente, o cantochão poderia ser substituído por alguma toada ou balada da tradição oral; tanto um como a outra são expressões remanescentes de um sistema ocidental de canto mágico, que geralmente se presume inexistente ou perdido. Nem todas as canções folclóricas, contudo, enquadram-se na categoria de canto mágico; algumas, sim, e o próprio cantochão da Igreja, tão aprimorado, proveio em parte das canções folclóricas [8].

É facílimo um leitor ou ouvinte confundir a música primordial com músicas bárbaras, incultas ou selvagens. As gravações modernas de música comercial são bastante "primitivas" em comparação com as extraordinárias sutilezas que se percebem nas gravações de campo genuínas de músicas tradicionais ou primordiais. E mesmo "primitivo" é um termo relativo, perigoso quando se fala de música ou de outras atividades culturais, pois povos bastante primitivos, sem tecnologia ou medicina moderna, são capazes de produzir e já produziram música de altíssima qualidade.

As sutilezas que encontramos no canto dos pigmeus *aka*, ou dos monges tântricos do Tibete, ou dos solistas das ilhas Hébridas, não são características forçadas de estilo [9], mas o resultado direto de harmonia ou sintonia com uma música interior e com os sons da natureza. Esses sons musicais internos podem ser atingidos e descobertos de diversas maneiras, e foram comprovados racionalmente por análises científicas e pela teoria acústica[10].

Quando falamos em sons da natureza, devemos incluir não só o mundo dos fenômenos externos, mas toda a complexidade corpo-psique do ser humano. As leis naturais encontradas na música aplicam-se fisicamente tanto ao corpo humano como a outras entidades do mundo natural, e possuem efeitos biológicos e psicológicos bastante notáveis. Embora estejamos falando da música primordial como música vocal, existem também algumas técnicas ou não-técnicas instrumentais que também almejam espelhar a natureza e, assim, expressar o Desconhecido que há na natureza e além dela. Um exemplo disso é a *shakuhachi*, uma flauta zen-budista que vai se tornando cada vez mais popular no Ocidente. Em seu cenário de origem, a *shakuhachi* não é usada para tocar música e, sim, para produzir os sons inspirados (criados pela respiração ou pelo sopro) de natureza divina. Esse instrumento, que possui correspondências metafísicas para cada tom e para cada orifício, é na verdade uma Árvore da Vida musical.

Embora tenhamos dado um exemplo oriental, os mesmos princípios são encontrados nas tradições musicais de maior destaque do Ocidente, ainda que freqüentemente obscurecidos ou embaralhados. Conforme iremos descobrir, todo instrumento musical é uma representação clara das relações físicas e metafísicas de polaridade mostradas na Árvore da Vida. As diferenças estão apenas no estado de consciência que o músico expressa através do instrumento — mas os sons mágicos permanecem sempre, não importa o que esteja sendo tocado.

A relação entre voz humana, respiração, som, forma ou contorno musical não é um artifício; é uma propriedade da física. Voltaremos mais vezes a esse importante conceito, particularmente no contexto da música da Antigüidade e da música hermética ou alquímica, e em nosso trabalho prático sobre os cantos mágico/psicológicos.

A voz, o instrumento e o verbo criador

Neste momento, podemos traçar algumas comparações básicas entre a voz humana, os instrumentos musicais e a metafísica da criação — exposta através do conhecimento e da intuição interiores. Mesmo não sendo este um livro científico didático, vale mencionar que existem muitos paralelos entre os modelos metafísicos da Antiguidade e a física moderna. A metafísica, porém, prova-se pela vivência de novos níveis de percepção e cognição, e não pela comparação com teorias ou práticas materialistas.

O valor da música está no fato de ela unir o físico e o metafísico na consciência humana, criando modos ou estados de percepção e cognição em que se vislumbra, ainda que de modo efêmero, a unidade criativa de tudo o que existe. Mediante o emprego de música deliberadamente mágica ou transformadora, podemos estender esses momentos mais aguçados de percepção; e, mediante trabalho perseverante, torna-se possível até mesmo incorporar o elemento transformador em nosso corpo físico. Esse efeito físico torna-se imediatamente aparente em função da vibração sonora em si e pela ressonância favorável no interior de nossa entidade física, mas percorre toda a interface entre o ser interior e o exterior, entre a psique e a expressão biológica da psique. Voltaremos a esse tema diversas vezes nos capítulos seguintes.

Para chegar a um entendimento desses conceitos básicos, temos de empregar um vocabulário metafísico básico, que não será usado num sentido religioso ortodoxo (embora seu significado ainda assim permanecesse semelhante), pois a metafísica pura é sempre obscurecida pelo dogma ou pelo condicionamento do culto.

Em música, o uso de *imagens primordiais* corresponde ao de *sons primordiais* e ambos serviriam como fontes ou sementes concentradas para dissertações mais prolongadas, seja da arte ou da ciência. Os termos básicos são usados aqui como um conjunto concentrado de pontos de referência para conceitos que devem ser absorvidos pela meditação. Não são apenas palavras a ser lidas ou vistas de relance. Ao aplicarmos esse vocabulário primordial estamos seguindo uma tradição de uso que se estende ao mundo inteiro e que é consagrada por milhares de anos de prática. Muitas línguas diferentes empregam essa mesma terminologia básica, mas nós a expressamos sempre em termos simples.

O Verbo Original foi proferido junto com o Primeiro Sopro. O Verbo — a Palavra — é o poder exalado pela fonte original ou Espírito misterioso. Na física, é conhecido como a "origem do universo", ao passo que na metafísica é conhecido como a "origem dos Mundos". Podemos estudar esse conceito no sentido material através da ciência ou, poeticamente, pela intuição. De qualquer forma, ele se degenerará rapidamente em algum tipo de religião ou dogma, mas a degeneração é algo inerente à origem dos Mundos.

Sempre se usou uma relação matemática extremamente simples para demonstrar nosso conhecimento interior da realidade. Nesse sistema, as relações entre os números 1, 2, 3 e 4 desempenham um papel central. O Verbo manifesta-se em Quatro Mundos, ao passo que em seu ciclo de rotação há Quatro Fases — fases que aparecerão mais tarde com os Quatro Elementos. Esse tema fundamental é indicado nos diagramas do capítulo 5.

Do Quádruplo Modelo provém um Décuplo conjunto de relações, com várias polaridades (masculino/feminino, positivo/negativo, ativo/receptivo) inerentes em seu fluxo de energia. A Árvore da Vida demonstra esse conjunto de relações, e também a *Tetraktys* pitagórica mostrada na figura 4. Esse conceito está baseado no fato numérico de que 1 + 2 + 3 + 4 = 10, uma afirmação superficialmente simplista mas que possui muitas ramificações matemáticas e conceituais.

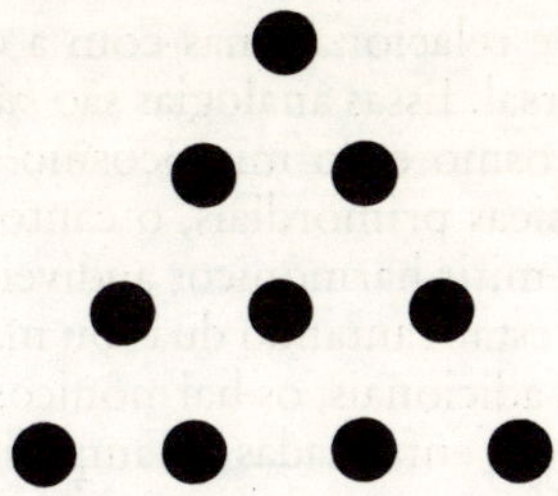

Figura 4 — A Tetraktys

Quando um ser humano profere uma palavra ou nota musical, esse processo, a princípio metafísico, reflete-se imediatamente no evento físico-acústico que é o próprio ato de proferir. A respiração aciona as cordas vocais e, sob o controle da vontade ou da inspiração, certas freqüências definidas são geradas no ar e nas cavidades do corpo, particularmente da ossatura craniana.

Para o psicólogo materialista, a metafísica não passa de uma teoria fantasiosa ou extravagante fundada no ato biológico da emissão sônica vocal. Para o mago ou metapsicólogo, o ato acústico biofísico é apenas um reflexo da emissão sonora que percorre toda a existência.

Toda existência, toda vida, tudo o que é proferido, do gorjeio dos pássaros à explosão de gigantescas galáxias estelares, é exalado por uma fonte desconhecida. Essa relação harmônica se reflete na voz humana, pois, embora pensemos que estamos cantando uma única nota, certamente não é isso o que ocorre. Em qualquer nota, há uma série de elementos fundamentalmente inaudíveis ligados a ela: as "outras notas". Essas "outras notas" são tecnicamente conhecidas como *harmônicos*. Nós não conseguimos ouvir todos esses sons, mas, se pudéssemos congelar uma nota vocal e dissecá-la, constataríamos que eles mantêm uma relação matemática entre si. Isso pode ser feito através de uma variedade de experimentos simples, e é claramente descrito em diversos estudos básicos sobre música e acústica[11].

Quando examinamos os harmônicos, verificamos que eles mantêm uma relação matemática e de proporção muito semelhante à indicada nos modelos mágicos e metafísicos utilizados pelos antigos. Esses modelos, como a *Tetraktys* e a Árvore da Vida, estabelecem analogias com a consciência humana e a estrutura biológica, e relacionam-nas com a consciência Divina e a estrutura universal. Essas analogias são *harmônicas* umas das outras, do macrocosmo e do microcosmo[12].

Em certas músicas primordiais, o cantor inspirado é efetivamente capaz de emitir harmônicos audíveis, produzindo a curiosa impressão de estar cantando duas ou mais notas ao mesmo tempo. Essas notas adicionais, os harmônicos, estão sempre presentes, mas podem ser enfatizadas ou amplificadas mediante técnicas especiais. Há uma analogia evidente com as técnicas interiores de meditação ou visualização empregadas ou intensificadas pelo ato de cantar ou entoar: nessas técnicas, aspectos até então ocultos, mas sempre presentes, da consciência são trazidos para a percepção externa, modificando os falsos pressupostos sobre a realidade aparente que se possuía anteriormente.

Há uma famosa gravação de monges tibetanos cantando num tom extremamente grave para a voz humana, ao mesmo tempo em que entoam um motivo de notas e tons mais agudos. Essa gravação demonstra a técnica acima de uma maneira impressionante, e freqüentemente provoca efeitos físicos peculiares nos ouvintes[13]. Nas evocações e cantos dos sacerdotes, dos monges, dos xamãs ou dos curandeiros, os harmônicos superiores — aqueles pungentes sons agudos que nascem das notas fundamentais — são tidos como prova de uma presença espiritual inerente no mundo material. É razoável inferirmos disso que técnicas semelhantes eram muito utilizadas nos cantos de inspiração pagãos e do cristianismo primitivo.

As primeiras autoridades cristãs dão provas da existência, na Igreja primitiva, de cantos mágicos ou inspiracionais, que, de um modo geral, foram proibidos ou desestimulados por motivos políticos. O elemento de inspiração no canto religioso era fundamental nos rituais pagãos[14], e ainda é empregado por muitos cultos menores e grupos mágicos da atualidade.

Na música folclórica da Europa e das Américas, podemos ouvir efeitos vocais decorativos específicos que dependem do uso dos harmônicos naturais. (Estes envolvem uma súbita mudança para o *terceiro* intervalo da escala, utilizando para isso uma nota natural, de timbre diferente ao encontrado num instrumento de teclado. Menos freqüentemente, sobe-se a nota uma *quarta* ou uma *quinta*. Em ambos os casos, a nova nota é um harmônico e não um intervalo deliberadamente cantado da escala[15].)

Mais raramente, o livre uso de harmônicos e de notas extras pode ser encontrado na música européia, no canto melismático inspirado. Eles são utilizados nas cerimônias e encontros de certos cultos, tanto de negros como de brancos, e sua origem transcende qualquer formação cultural ou racial. Os cristãos e pentecostais carismáticos modernos conseguem criar uma entidade musical bastante extraordinária que incorpora toda a gama de relações harmônicas baseadas nos harmônicos naturais. Essa entidade surge de maneira inspirada e não das notas escritas. Um compositor pode ser capaz de criar uma música semelhante, mas só raras vezes conseguirá atingir essa qualidade natural[16]. O canto dos carismáticos é um dos últimos vestígios de música inspirada em comunidade no Ocidente; esse tipo de música ainda é corrente na África, na Ásia e em muitos países orientais. Em todos os casos ela está sempre associada a alguma prática religiosa ou mágica.

Um aspecto interessante do canto grupal de inspiração é o fato de ele ser dificílimo de imitar ou simular. Ao analisar tecnicamente diversas gravações, tanto comerciais como ao vivo, constatei que os discos comerciais de música carismática sempre empregavam blocos pré-selecionados de notas. Em outras palavras, foram compostos ou selecionados de antemão, enquanto as gravações feitas ao vivo nos próprios locais dos encontros, onde havia cantos genuinamente inspirados, revelavam por vezes uma fantástica teia de sons vocais entrelaçados; presumivelmente eram o resultado de uma consciência grupal criada pelo fervor religioso.

Estudamos diversos exemplos contemporâneos do Oriente e do Ocidente para sugerir um pouco da qualidade e do vigor vocal da música primordial. A música utilizada em práticas espirituais, de meditação, de magia, de alquimia e de metafísica em todo o mundo pode ser extremamente intensa, e transcende muito o canto grupal do culto religioso moderno. Quando examinamos esse tipo de música, devemos sempre nos lembrar de que ela pode ser encontrada sob dois aspectos fundamentais: o da inspiração grupal e o da evocação intencional treinada. Nos ritos secretos antigos, ambos esses aspectos estavam presentes; hoje o primeiro (a inspiração grupal) é raro e ocasional, enquanto o segundo (a evocação específica) é praticamente inexistente, exceto em alguns mosteiros do Oriente e do Ocidente.

A música primordial é, portanto, uma configuração física de som à qual outras configurações sonoras são inerentes. Ela corresponde às relações usadas pelos metafísicos (cristãos e não-cristãos) na preparação de um mapa ou glifo da Criação, dos mundos interiores e da entidade humana. Serve também como um poderoso meio para a transferência de consciência, tornada possível pelo elemento Ar. Esse Ar pode ser os gases físicos (a atmosfera) ou pode ser um ar mais sutil, difuso e penetrante, aquele que o Desconhecido exalou ao proferir o Verbo dos Princípios.

Neste estudo daremos especial ênfase à música primordial simplesmente por ela ser o aspecto menos compreendido de nossa consciência musical. Para praticar com eficácia os exercícios psicológicos, meditacionais ou mágicos das invocações elementais, o estudante precisa ter algum contato real com a música primordial dentro de si. Ninguém espera que a mera descrição intelectual seja capaz de criar esse contato, embora possa proporcionar alguns pontos básicos de referência para a imaginação, que agem como âncoras nos estágios iniciais da metafísica musical.

Como mostra o esquema da figura 1, a relação entre os quatro aspectos da música (primordial, ambiental, individual, clássico ou formal) não é uma mera progressão linear ou pseudoevolucionária, pois eles podem interagir uns com os outros diretamente. Essa interação fica mais óbvia nas obras de compositores que consciente e inconscientemente retornaram às raízes musicais primordiais ou ambientais para sua inspiração ou fundamento.

Em nossa própria aplicação da música como ciência espiritual da psique, as rotações ou invocações elementais (veja o capítulo 5) são apenas um exemplo simples de uma rotação e espiral perpétua que surge tanto na consciência como na natureza. É possível, e freqüente, estabelecermos contato com alguma poderosa raiz primordial através de fontes bastante disparatadas — uma frase de uma melodia popular, uma passagem de uma peça comum e corriqueira de música artística. Esse despertar difuso e temporário é insuficiente para que haja o reequilíbrio ativo de uma psique musicalmente carente, e reflete nossa espantosa passividade e falta de direção em assuntos musicais.

As formas musicais encontradas na metafísica são tiradas da natureza; elas representam o intelecto humano analisando e formalizando um anseio da inspiração por expressar-se musicalmente. Isso se manifesta, é claro, no gorjeio dos pássaros, e manteve-se vivo por muitos milhares de anos nas celebrações e lamentações da música étnica. Quando empregamos o termo "música étnica" devemos usá-lo com o seu sentido próprio, de uma música natural de vários povos em seu ambiente nativo; não significa a música comercial gravada para grupos minoritários de consumidores, embora esta possa ocasionalmente incluir alguma música étnica genuína.

A música primordial torna-se música ambiental

No instante em que é proferida, a invocação inspirada é modificada não só pelo corpo físico, mas pela influência ressonante ou coletiva do meio ambiente. Isso gera o estilo bastante diferenciado e a sutileza da música folclórica ou étnica em todo o mundo. É nesse ponto do desenvolvimento musical, em sua progressão espiral, que devemos fazer uma pausa. Não é necessário levar adiante uma análise dos aspectos históricos ou culturais, pois os estágios seguintes estão bem documentados em diversos livros excelentes sobre a história da música. Mais importante é o fato de que os metafísicos ou especialistas em religião e magia (tanto pagãos como cristãos) compreendiam plenamente essa transição em que os proferimentos vocais inspirados foram estilizados e se transformaram em música regional ou nacional. As características da música primordial foram especificamente aplicadas, modificadas ou concentradas de modo a gerar reações físicas, psíquicas e espirituais em cada pessoa e também no grupo reunido[17].

Tais características vitalizaram-se ainda mais com a criação e a intensificação de técnicas referentes aos mundos interior e exterior. Além disso, devido aos muitos séculos em que a consciência foi assim aplicada, certos cantos fundamentais tiveram um crescimento orgânico e experimentaram um aumento de potência. Os exemplos mais óbvios desse vigor e potência, bem conhecidos do ouvinte comum, são os cantos monásticos do Oriente e do Ocidente[18].

Se desejamos evitar o sectarismo religioso, devemos reduzir o material a seus elementos constituintes básicos, à *prima matéria* do alquimista, e descobrir por nós mesmos as fundações e os blocos de construção que escoram a música e a consciência — tanto naquilo que é específico, como os cantos e a música instrumental de caráter mágico-religioso, quanto no que é geral, como a música de fontes artísticas ou populares.

4

A acústica, a música e os exemplos musicais

Os exercícios e diagramas dos capítulos seguintes foram feitos do modo mais simples possível, na esperança de que possam ser seguidos e aplicados por músicos e não-músicos igualmente. Na realidade, isso talvez seja até mais fácil para quem não for músico, pois essa pessoa não tem preconceitos musicais ou conhecimentos especializados que confundam seu entendimento ou a desviem da aplicação direta.

Na preparação dos exemplos, surge de imediato um importante problema específico, que possui diversas implicações simbólicas bastante esclarecedoras no contexto da música e das alterações na consciência. O problema, que acabei solucionando de acordo com a tradição musical consagrada pelo tempo, enunciando-o ao mesmo tempo em que o ignoro, é o do *temperamento*.

O temperamento é um sistema técnico de afinação ou de modificação usado em todo o mundo, tanto na música popular como na artística, embora seja menos evidente na música tradicional. O sistema europeu de *temperamento igual* permite que os vários instrumentos sejam tocados juntos sem que haja certos choques de "afinação" ou timbre, e é particularmente importante para o teclado do piano.

Na natureza, os tons musicais se expandem, o que equivale a dizer que efetuam uma espiral perpétua de quintas — na qual existem poucas correspondências matemáticas cristalinas. Na arte, essas frações, sempre crescentes, outrora tidas como prova de perpétua criação da existência, são "aparadas" para se conformar à aplicação num teclado e a uma teoria musical unificada. Essa prática, aparentemente útil na solução dos problemas musicais que surgem quando vários instrumentos são tocados em conjunto, reflete bem nossa ânsia de encontrar na natureza sistemas e padrões controláveis pela lógica. A exata expansão natural do som (na qual doze intervalos de quinta deveriam equivaler, mas não equivalem, a sete oitavas) é alterada e "corrigida" cortando-se uma pequena parcela de cada quinta sucessiva até que doze delas equivalham ao intervalo de sete oitavas[1].

O parágrafo acima é necessariamente uma simplificação da teoria, e o leitor que desejar aprofundar-se encontrará várias obras de referência citadas na bibliografia.

Em nosso contexto visual, no qual oitava, escalas e intervalos são mostrados num campo circular ou em espiral, a expansão matemática das quintas naturais é ignorada, e passamos a pressupor o sistema de temperamento igual.

Quanto aos intervalos em questão e às diferenças que são subtraídas para haver conformidade, geralmente nós não conseguimos perceber que estejam discrepantes. Nos ouvintes modernos, o discernimento de tons e timbres é de fato paupérrimo, por causa da conformidade e da limitação do teclado dos últimos dois séculos.

Mas qual a implicação desse mundo musical oculto de notas insuspeitadas em nosso sistema de alquimia musical? Simplesmente que as teorias formais de música ensinadas ou publicadas não são, de maneira alguma, tão precisas quanto fomos levados a crer. Se seguirmos as implicações e expressões naturais de nossa voz, estaremos no caminho certo para refrescar nossa consciência musical. Não há necessidade, em outras palavras, de nos preocuparmos com a "afinação" de nosso canto ao tentar realizar os exercícios que seguem. Mais importante, não precisamos tentar criar teorias musicais lógicas que visem abranger tudo mas que fechem ou restrinjam as implicações mágicas ou psicológicas em conjuntos de "correspondências" a serem seguidos, haja o que houver. Esse método nos leva de volta àquela árida situação em que certas notas corresponderiam a certos conceitos internos ou metafísicos, mas raramente pareceriam manter alguma relação prática.

Antes que me acusem de ser tão geral a ponto de as teorias perderem seu poder num rebuliço de liberação benigna, devo ressaltar que a própria natureza efetua seus ajustes. O sistema de temperamento está entre nós e faz parte de nossa consciência musical coletiva; mas, para cada recurso artificioso, existe uma configuração harmônica que confirma as ressonâncias naturais. Estas são bem conhecidas nos misteriosos subtons e combinações que se ouvem nos sinos ou numa hábil utilização do teclado do piano, criando-se sons que, em termos lógicos, não deveriam existir nas notas originais. Mais diretamente, nós podemos ouvir harmônicos tremendamente complexos em qualquer obra orquestral, e alguns compositores modernos buscam deliberadamente criar tais ressonâncias a despeito das limitações dos sistemas de afinação e notação com os quais são forçados a trabalhar. Mas isso não é verdade apenas para a música moderna, uma vez que nem mesmo os mais sóbrios e circunspectos compositores das toscas tradições do século XIX conseguem evitar as ressonâncias que ocorrem nos instrumentos musicais. Só a música eletrônica é capaz disso — para nosso grande prejuízo[2].

É nesse domínio natural dos harmônicos, dos sobretons e dos tons interativos que a música de fato opera. As fórmulas alquímicas musicais do próximo capítulo são baseadas numa série de harmônicos reduzidos a notas que, para fins práticos, podem ser aproximados no teclado do piano. Na música psicológica ou mágica estamos mais interessados no *contorno musical* do que no *tom*. É a relatividade demonstrada e vivificada pela música que possui um efeito interior ou terapêutico, e não o isolamento de alguma nota em particular e sua verificação ou comprovação matemática.

O tom

É geralmente aceito na música mágica ou metafísica que existem certos tons — certos níveis específicos de vibrações por segundo — que correspondem a nossos centros de energia, nossos estados de espírito, as atividades planetárias dentro da consciência e outras funções, podendo até mesmo estimulá-los. Em nome de uma teoria geral e da facilidade de aplicação, utilizaremos a escala padrão de dó maior em nossos exemplos musicais. Mas com isso não se pretende que ela seja definitiva, como também não foi definitiva ao ser empregada por outros metamúsicos do passado.

O chamado *tom padrão,* de uso internacional generalizado, é uma invenção bastante recente, e não pode ter uma verdadeira relação natural com a consciência. Basta ver os instrumentos de séculos passados para constatar uma preferência por padrões tonais mais graves (e às vezes mais agudos). Na música de outras épocas, o tom era uma questão relativa e não de definição absoluta. Esse senso íntimo de relatividade e contorno musical persiste na música folclórica ou ambiental de todo o mundo, na qual se atinge uma harmonia e uma integração de entoação que para o músico parece extraordinária por não haver formalismo ou ciência alguma envolvida.

Tal noção de tom, de relações sonoras, provém não de uma teoria ou padronização numérica, mas de uma faculdade interior de proporção, beleza e intuição. Sabemos que essa intuição pode ir além das notas musicais, pois nas grandes tradições existem relações holísticas ou harmônicas similares entre música e palavras, e entre música e dança.

Os colecionadores de canções folclóricas verificaram inúmeras vezes que os cantores de trovas são incapazes de separar, em suas antigas baladas, os versos da melodia; e aqueles que conseguem escrever ou ditar os versos muitas vezes supõem que, por conhecer o texto, o folclorista deveria saber instantaneamente qual é a melodia[3]. Não se trata de uma demonstração de ignorância de pessoas incultas, mas sim da expressão de uma intuição criativa extremamente profunda, em que as palavras, a história, a melodia e a representação combinam-se todas numa única emissão mágica ou entidade sagrada. E se na música folclórica essa qualidade sagrada está geralmente ausente, a qualidade mágica está presente em numerosos exemplos.

A relação entre música e dança é igualmente intuitiva; conhecer a música é suficiente para conhecer a dança, e vice-versa. Isso é corroborado por evidências antigas, incluindo textos da Igreja primitiva[4]. Numa *tournée* pela Bretanha que realizei como concertista, os aldeões ensinaram-me diversas canções bretãs para dança, e na maioria dos casos eles insistiram que, como conhecia a melodia, eu deveria saber como era a dança. Dança e música eram uma entidade inseparável na Antiguidade, e essa fusão ainda existe hoje dentro de nós. Ela se revela nos costumes étnicos, mas oculta-se no homem ou mulher urbanos modernos atrás de camadas e camadas de condicionamento.

O chamado problema tonal não deveria ser um problema. O tom é uma questão de proporção e relatividade, e não uma norma rigidamente definida de x ou y vibrações por segundo. Uma definição estrita é muito valiosa quando se trata de certos tipos de produção musical padronizada em grupo, mas esse é apenas um dos padrões tonais possíveis — e, com seu emprego constante, nós acabamos perdendo algumas reações e ritmos biológicos. Para provar isso, escute qualquer instrumento antigo de tom abemolado; quase todas as pessoas imediatamente comentam sua qualidade expressiva, e o efeito renovador e quase surpreendente da música por ele produzida. Ouça em seguida a mesma peça musical tocada num piano moderno ou, pior ainda, num sintetizador de teclado.

O uso da proporção para demonstrar proposições metafísicas sempre foi fundamental na música, dos tempos dos gregos pitagóricos aos dias de hoje. Certas proporções demonstram relações entre as órbitas planetárias ou entre as internas (i.é., modos ou estados de consciência), das quais os planetas físicos exteriores são meras analogias dentro da consciência maior do sistema solar. Não há motivo para não usarmos nossas escalas e instrumentos modernos para expressar de maneira prática esses intervalos, proporções e relações — desde que não partamos do pressuposto de haver algum valor derradeiro ou imutável em sua freqüência vibratória. A afinação, ou número selecionado de vibração por segundo, é meramente uma faixa do espectro sonoro; ela varia de cultura para cultura e de século para século. As proporções, as formas e os conceitos e matrizes verdadeiramente arquetípicos implícitos na *música* possuem uma qualidade que transcende — e também sustenta — o tempo, os tons seriais e as limitações seriais do som aplicado à consciência humana.

Como usar o modelo

Para aproveitar ao máximo o experimento alquímico-musical esboçado no capítulo seguinte, eu faria estas recomendações:

1. Leia o capítulo inteiro duas ou três vezes sem procurar estabelecer uma correlação entre os símbolos visuais ou a experiência visual e os padrões musicais efetivamente descritos no texto. Vá se acostumando com a progressão dos conceitos do Sistema Elemental. Trata-se de um modelo conceitual antigo e eficaz, mas o leitor moderno precisa ir se adaptando a ele lenta e naturalmente, pois é um modelo rítmico e holístico, e não algo destinado a mera deliberação ou satisfação intelectual.

2. Uma vez familiarizado com o material, vá examinando um por um os diagramas e as notas explicativas, acompanhando seu desenvolvimento à medida que for progredindo.

3. Desenhe cada um dos diagramas, fase por fase, seguindo o desenvolvimento dos conceitos. Os desenhos não precisam ser mais do que meros esboços copiados do livro, mas, uma vez que você saiba o valor de cada etapa, essa é a maneira mais eficaz para aprender um sistema metafísico, substituindo milha-

res de palavras. Nas tradições de ensino da magia, os aprendizes são muitas vezes instruídos a desenhar tais símbolos, e mesmo a meditar sobre eles, antes de receber qualquer indício de seu significado. Seguindo-se esse método, o intelecto desperta para o significado interior ou maior, sendo iluminado por um padrão arquetípico: a própria meta e finalidade da filosofia metafísica ou psicologia mágica.

4. Volte ao início do experimento e repita-o musicalmente passo por passo. Isso pode ser feito no teclado de algum instrumento, mas terá maior efeito se for usada a própria voz.

5. Quando estiver familiarizado com as espirais, os quadrados, as evocações e os cantos musicais, prossiga com os exercícios práticos indicados nos capítulos seguintes — mas não antes. Pois, se você quiser se antecipar e experimentar alguns dos exercícios, é possível que eles não funcionem. É melhor absorver o material em seu devido contexto e estar familiarizado com seu desenvolvimento interior. O crescimento básico proporcionado pelos cantos ou evocações vocais, pela Árvore da Vida e pelos exercícios terapêuticos ou de meditação só ganhará vida quando estiver completo, das raízes (os primeiros símbolos e ciclos) à copa* (a Árvore da Vida e os centros de energia do sistema vital daquele que estiver cantando).

* *O termo usado em inglês,* "crown", *significa tanto "copa" como "coroa". (N. do T.)*

5

Um Espelho Musical ou o "Speculum" Hermético

Os alquimistas, de quem tomamos o nosso subtítulo[1], foram os últimos de uma longa sucessão de pensadores, experimentadores e filósofos que encaravam a música de uma maneira totalmente diferente da de hoje. Se é certo que a cultura moderna concebe, na melhor das hipóteses, a música como uma arte, ou, na pior delas, como um produto comercial, nossos antecessores usavam-na de uma maneira que tende a ser incompreensível para a mente moderna. Para eles a música era uma epítome de certas leis naturais, não só da física, mas da metafísica que dá origem à física. Essa convicção não era, de maneira alguma, restrita a uma aplicação "emocional" ou "criativa" da música; partia-se da premissa de que a *emissão física de som* é o agente externo e audível de um poder interno e transcendente. Nessa interpretação, a composição musical é irrelevante, como o são o mérito artístico pessoal e a "originalidade", qualidades bastante prezadas atualmente. Essas qualidades, tão sofregamente buscadas pelo compositor ou intérprete clássico ou moderno — tanto os criativos mais esforçados quanto os meramente superficiais — eram apenas efeitos secundários do meio metafísico, que era a música como a compreendiam os filósofos herméticos.

Atribuía-se grande importância às configurações musicais, aos padrões musicais e ao que estava além deles, o metapadrão, isto é, as ordens ou modos formais superiores que se expressam através de uma ordem inferior de forma, a música. É essa falta de interesse pela personalidade na composição musical (seja entendida no sentido clássico seja no popular) que permeia a música folclórica ou tradicional de todo o mundo, e que frustra sua transcrição. É uma suposição geral que a notação musical de outrora era tosca, pois somente tal ineficiência poderia explicar sua falta de rigidez e definição. Entretanto, na realidade isso não poderia estar mais longe da verdade[2].

A criatividade, na música folclórica natural e nas primeiras peças musicais escritas, provenientes diretamente dos sistemas orais, aplicava-se à interpretação e não à inscrição. Note-se, porém, que essa não é uma noção inteiramente condizente com o conceito moderno de "improvisação", pois o que ocorria era um processo de recriação de melodias nucleares fundamentais, e não uma fixação por escrito da criatividade pessoal. E estava longe de ser "livre" no sentido de não possuir regras ou disciplina. O que acontecia é que as regras eram *implícitas,* não estando confinadas a formas seriais ou estruturais, que é como compreendemos a música no período pós-clássico do século XX.

Para os musicólogos alquímicos ou herméticos, cujo entendimento foi herdado das tradições escritas e orais das culturas da Antiguidade, um *corpus* de melodias e escalas definidas pela tradição era exemplo de uma concepção sagrada da música enquanto ciência abençoada. Mas toda a questão está além da religião ou do ocultismo: em todas as épocas, os estudiosos herméticos da música (do semi-lendário Pitágoras ao moderno Rudolf Steiner) sempre afirmaram que a expressão musical regular é resultado de uma ordem mais elevada de configuração. Essa ordem mais elevada está implícita na música comum, mas é explícita em seu próprio domínio ou estado de ser.

Em outras palavras, a música agiria por causa de um conteúdo secreto presente na expressão do som, um conteúdo que só está vinculado à criatividade pessoal como uma coincidência inevitável. Não devemos confundir isso com o conhecimento científico de que certas freqüências ou vibrações acústicas têm efeitos específicos sobre o ouvinte humano — embora tal conhecimento deva indubitavelmente ter desempenhado um papel na expressão e no desenvolvimento da música como um veículo sagrado ou mágico da consciência.

O conteúdo aparentemente "secreto" da música não foi descoberto através de uma investigação ou da abstração das leis da acústica, mas de uma percepção sutil dos arquétipos dos quais as leis físicas da acústica teriam provindo. Esse é um conceito verdadeiramente importante, e não pode ser descuidado no estudo da abordagem hermética da música, como é representada nos exemplos litúrgico e literário. Os gregos antigos, representados pela figura de Pitágoras, haviam descoberto algumas leis simples de proporção que se aplicam ao som físico[3]. Supunha-se que essas leis agiam automaticamente na emissão sonora e, mediante limitação, foram refinadas na apresentação de todo tipo de música. Em termos mais simples, qualquer parte controlada ou definida do amplo espectro de ruídos pode tornar-se música, desde que entre em harmonia com certos ritmos fisiológicos e aptidões tonais peculiares, e freqüentemente misteriosos, que são característicos da espécie humana.

No ruído, todas as seqüências harmônicas encontram-se misturadas de maneira extremamente complexa e aparentemente aleatória; mas, na música, certas áreas identificáveis dessas seqüências adquirem proeminência e mostram-se relativamente puras. O físico acústico moderno bem sabe que essa pureza é relativa e parcialmente subjetiva, e sob esse aspecto qualquer erudito hermético concordaria com as descobertas materialistas — mas a partir de um raciocínio diferente e de um modelo conceitual básico distinto.

Os antigos estavam tão cientes do poder da música que certos modos ou rotações de uma escala qualquer de intervalos tonais controlados eram tidos como arrebatadora e irresistivelmente poderosos. Não foram só os gregos que nos deixaram provas dessa realidade; ela posteriormente dominou durante séculos o canto litúrgico cristão. (Nas rigorosas prescrições das autoridades da Igreja baniam-se algumas escalas ou modos durante o culto, pois eles não só eram tidos como perigosos, como um deles em particular era veículo costumeiro para canções obscenas!)

Embora o leitor moderno possa achar essa atitude pitoresca ou divertida por um lado, ou que recende a propaganda supressiva por outro, o certo é que ela era levada muito a sério por aqueles que a adotavam, sendo proveniente da antiga prática mágica do uso da música para invocar poderes não-visíveis. Tamanha preocupação e precisão diante do mero uso de uma escala parece estranha ao músico moderno, que espera que sua música já tenha os tons e os modos definidos antes de tocar ou cantar uma única nota, mas a música tradicional e oral não é assim limitada, e a mesma forma melódica pode ser livremente reexpressa em diversas escalas ou modos diferentes. Essa flexibilidade foi mantida nas primeiras músicas escritas, e em diversas formas de notação musical livre (não-padronizada) até quase meados do século XIX, como o sistema de "*shape notes*" dos religiosos dissidentes, usado largamente nos Estados Unidos[4].

Vale repetir a esta altura que a flexibilidade desses outros sistemas não é necessariamente produto da ignorância; ela provém de um modelo ou sistema musical tradicional hoje virtualmente perdido e esquecido. Notícias desse modelo podem ser encontradas espalhadas em músicas folclóricas — sendo que muitos exemplos, como o sistema de comunicação entre gaitas de fole usado nas Highlands da Escócia, foram eliminados pela força das armas. O que quer que tenha sido esse sistema, o fato é que a versão escocesa utilizada até o final do século XVIII permitia aos músicos aprender e reter um número muito grande de peças musicais longas e complicadas sem uma única nota escrita. Os harpistas irlandeses do mesmo período empregavam diversos sistemas mnemônicos de composição e recriação — e os repertórios tradicionais eram em geral enormes e sofisticados. Tudo isso prova como é equivocada a velha tolice sobre camponeses ignorantes que mal podiam nomear uma nota ou contar nos dedos. É à luz desse panorama histórico que o modelo musical hermético deve ser examinado.

Antes de prosseguir este exame, devemos também considerar o fato nu e cru de que *nós já não tocamos ou ouvimos as mesmas escalas e modos que nossos ancestrais.* Não se trata da costumeira discussão musicológica sobre quais seriam a ordem ou os intervalos verdadeiros dos chamados "modos gregos"[5], mas de uma questão muito mais simples. Nos últimos dois séculos, aproximadamente, o temperamento e ajuste graduais das relações tonais e dos intervalos modificaram o caráter da música que ouvimos e tocamos. Nossa música hoje não é mais idêntica à música que a natureza produz na voz humana sem artifícios ou nas seqüências harmônicas reveladas por experiências acústicas elementares.

Os músicos modernos que recuperam peças musicais antigas e velhos instrumentos costumam apreciar o timbre estridente e expressivo das réplicas dos instrumentos de época, mas raramente se dão ao trabalho de tocar os verdadeiros intervalos que eles produziam (exceto quando são uma característica inevitável da física ou da acústica do instrumento). Esse novo interesse pelos primórdios da música conduz a problemas particularmente quando se busca interpretar obras vocais, uma vez que o cantor profissional moderno está condicionado a cantar "fora do tom" com relação aos intervalos naturais produzidos pelo aparelho vocal humano. A arte já não é mais a Imagem da Natureza[6].

A comprovação acústica de certas proporções matemáticas ou de intervalos de tons entre notas graves e agudas era regularmente usada pelos filósofos, alquimistas, místicos e magos, e também na prática religiosa ortodoxa. Os intervalos ou relações de oitava, quinta, quarta ou terça eram considerados sugestivos de uma proporção e uma harmonia universal mais profundas[7]. Tanto na música pagã da lira de Apolo[8] (veja a figura 5) como nas requintadas especulações de Robert Fludd e Athanasius Kircher e nas modernas exposições práticas de Steiner sobre a música e o ritmo na natureza humana, os musicólogos herméticos nunca hesitaram em fundir o natural e o divino, a inspiração e a acústica, a física e a metafísica. Para esses pensadores, os intervalos musicais naturais são uma evidência clara de uma ordem de relatividade mais elevada correspondente a suas inclinações místicas ou religiosas.

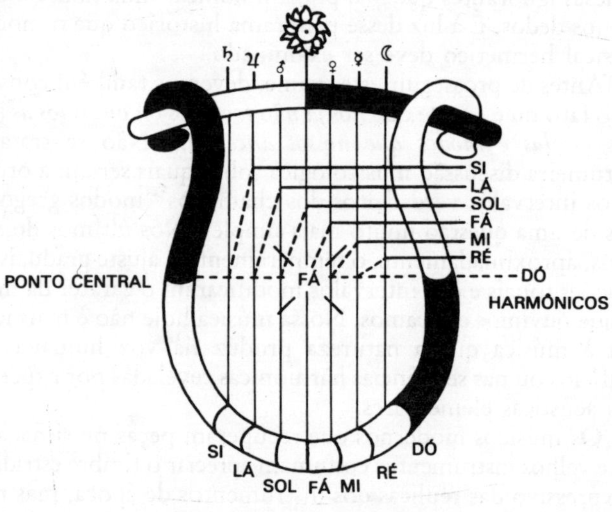

Figura 5 — A lira de Apolo

A física moderna, desde a obra de Albert Einstein e seus sucessores, tende a conclusões surpreendentemente semelhantes, ainda que suas premissas iniciais sejam inteiramente distintas. É interessante observar nesse contexto que os escritores herméticos dos séculos XVI, XVII e XVIII vinham tentando expressar um modelo musical que havia sido intencionalmente suprimido pela Igreja logo em seu início — embora essa mesma Igreja houvesse herdado o modelo de fontes clássicas gregas e romanas, para não falar das influências mais claramente orientais dos gnósticos, dos judeus e de várias outras origens que hoje são difíceis de definir. A supressão eclesiástica não visava necessariamente a uma fermentação espiritual da consciência musical dos leigos, e sim ao controle deliberado das chaves do poder mágico ou invocatório que está associado ao fenômeno acústico em si — particularmente o que envolve a voz humana[9].

Nas obras de Kircher (um jesuíta), Fludd (um anglicano), Michael Myer e inúmeros outros filósofos ou alquimistas, bem conhecidos ou obscuros, as propriedades acústicas, a rotação de séries numéricas e o simbolismo místico ou religioso eram propositalmente misturados, correlacionados e aplicados na prática, freqüentemente com ilustrações pictóricas vívidas e marcantes[10].

O divino era expresso através da música (a Musa) — não da música como obra da criatividade pessoal ou individual (pois a criação era considerada um reflexo da Graça ou Inspiração Divina) — *nas propriedades físicas do som em si.* É por isso que grandes mentes como Fludd e Kircher podiam dedicar seu tempo a estudar padrões numéricos, dispositivos gráficos de composição, tabelas, instrumentos de computação propriamente dita (uma dessas máquinas fabricadas por Kircher ainda existe), padrões presentes na fuga e progressões de séries numéricas, sem efetivamente "compor" no sentido que essa palavra tem atualmente.

É fácil imaginar isso como uma frivolidade obsessiva, resultante da ignorância, particularmente quando o crítico é incapaz de desenredar os vínculos e elos sugeridos pela literatura hermética e de pô-los para funcionar!

Como já observei anteriormente, a incapacidade de ativar os modelos herméticos, alquímicos ou mágicos de concepção ou energia não é causada por estupidez daqueles que deram origem a tais modelos, mas sim pela dificuldade de associá-los aos modos modernos de percepção e cognição e à atividade consciente moderna. Muitos dos pesquisadores e estudiosos herméticos foram os maiores pensadores e questionadores de sua época. Alguns deles, como Newton ou Kepler, inscreveram seus nomes e teorias nas pedras fundamentais da astronomia e da física moderna — não através de um súbito fluxo de pensamento racional, mas por meio do trabalho que realizaram com a astrologia, as teorias harmônicas místicas e metafísicas, as séries numéricas e outros modelos conceituais herméticos[11]. As teorias resultantes acerca do sistema solar tiveram um poderoso efeito, que perdura até o presente século.

Os modelos a partir dos quais foram deduzidas essas descobertas provinham diretamente de originais mágicos do paganismo, das práticas rituais dos gregos e romanos e dos sistemas matemáticos e místicos posteriores à Cabala, que se espalharam pela Europa a partir da Idade Média. Mais obscuro para o pesquisador moderno, mas igualmente importante, é o grandioso legado da filosofia e das crenças não-clássicas e não-orientais nativas da Europa: as dos povos conhecidos coletivamente como "celtas". Elementos clássicos e cristãos foram como que enxertados nesses modelos, e suas raízes são claramente visíveis ainda hoje nas crenças folclóricas e tradicionais. Mesmo a música "céltica" tradicional moderna — da Escócia, Irlanda, Bretanha, Galícia e partes do País de Gales — revela por vezes o uso consciente de intervalos de quartos de tom e de ritmos complexos, elementos inegavelmente antigos e primordiais da música que se perderam na concepção musical homogeneizada moderna[12].

Para os autores herméticos dos séculos XVI, XVII e XVIII, a música do tipo descrito acima era a música cotidiana. Era a música da *maioria*, se aceitarmos as evidências musicológicas e culturais, e não um aspecto decadente de uma minoria cultural em vias de desaparecimento.

Uma consideração atenta e meticulosa do contexto cultural das canções folclóricas e do folclore em si, com relação às publicações alquímicas, herméticas e rosacrucianas, seria extremamente fecunda.

Logo se torna claro ao estudioso das teorias musicais sugeridas na literatura hermética que ou a fé dos autores era do tipo capaz de mover montanhas, ou perderam-se importantes chaves para a compreensão e a ativação dos sistemas oferecidos. Isso se torna dilacerantemente óbvio quando consideramos a literatura desacreditada e de má reputação da magia ritual — a maior parte da qual parece ser completa tolice.

A visão de mundo, os temas e teorias centrais, tudo se desmorona diante da luz impassível da física e da acústica modernas, pois as experiências não conseguem comprovar as teorias psicológicas oferecidas. As proporções de oitavas, quintas e terças, por exemplo, podem de fato ser representativas de um simbolismo místico ou religioso na imaginação do autor, mas não podem ser musicalmente utilizadas para transferir objetivamente aos ouvintes aquilo que pertence à esfera dos estados alterados de consciência. Além disso, é claro, nenhum experimento pode ser repetido indefinidamente sob condições idênticas.

Como resultado desse aparente malogro, pressupõe-se que não podemos compreender os modelos apresentados pelos autores místicos e herméticos, simplesmente porque eles próprios não compreendiam realmente as verdadeiras implicações de suas teorias. E é também possível que eles tenham aceitado de boa-fé muitas incoerências gritantes dessas teorias sem jamais tentar resolvê-las ao nível do consciente.

Mas a religião não era a única chave a libertar as visões dos antigos, ou as dos filósofos herméticos.

As chaves da musicologia hermética, e de muitos outros aspectos da magia e da metafísica que não discutiremos diretamente, estão na compreensão de ordens aparentemente mais elevadas de formas ou padrões — ordens que seriam aplicadas na prática através da acústica natural.

Esse princípio de *aplicabilidade* é de fato muito importante, pois foi através da aplicação prática que o alquimista, o mago ou o visionário matemático procuraram salvar, purificar ou resgatar os elementos físicos, que supostamente teriam provindo de certos originais metafísicos ensinados pela tradição antiga. Na composição musical que utilizava esses sistemas, a personalidade era irrelevante, uma vez que já há neles um poder especial ou espiritual oculto que pode ser trazido à luz desde que os sons físicos sejam estruturados de acordo com padrões mestres (ou arquétipos) metafísicos que permeiam a consciência do mediador humano.

A inspiração, sob a forma de um dom de estados alterados de consciência, podia ocorrer repetindo-se estruturas musicais regulares, que eram *usadas como símbolos acústicos.* Há uma identidade aqui com as teorias pertinentes a rituais, meditação, oração e visualização criativa em estado de contemplação. O cantochão eclesiástico funcionaria exatamente dessa maneira, como também a música e o canto de muitas ordens monásticas ou mágicas do Oriente. Não se trata de mera repetição hipnótica, mas de um método que brota do mesmo "sistema" musical antigo que permeia toda a música folclórica e que está intimamente relacionado com certos padrões naturais da bioquímica e da psique do ser humano.

Que tipo de modelo, devemos perguntar, pode ser aplicado à música em geral para ativá-la da maneira sugerida pelos filósofos herméticos? A resposta é: um conjunto extremamente simples de conceitos músico-numéricos fundamentais que, por meio do antigo Círculo Elemental, tornam-se símbolos de *forma.* E as formas são então expressas como *som.*

A prática com este modelo musical ajudará a esclarecer outros sistemas ou modelos mais complexos, e também a relação geral que há entre magia, metafísica e música nos escritos antigos e na sua aplicação efetiva. Este não é um modelo mestre ou definitivo, mas apenas uma chave simples e de amplo alcance que pode ser facilmente compreendida sem auxílio de fórmulas e expressões matemáticas complexas. De fato, na utilização hermética da música, as relações complexas são implícitas, como na acústica em si, e não precisam ser aplicadas para serem efetivamente usadas, uma vez que provêm de relações primárias originais. Uma consideração atenta deste modelo nos ajudará a perceber claramente alguns dos problemas patentes numa interpretação sem preconceitos da alquimia, do simbolismo mágico e da Cabala.

Mais importante, contudo, é nosso estudo *musical,* e esse modelo nos oferece uma maneira bastante nova de considerar a música: um ponto de vista que esteve virtualmente perdido no tumulto das interpretações conflitantes dessa arte e de seu papel na vida moderna. O modelo pode ser aplicado sem convicções "místicas" ou "religiosas", e mesmo aqueles que não são músicos poderão realizar experimentos simples de voz e de teclado com o sistema aqui ilustrado. Ao tentar praticar tais experimentos, estaremos corroborando as crenças dos filósofos herméticos, que afirmavam que o intelecto é servo de ordens mais elevadas de consciência e que o próprio uso do intelecto faz com que essas funções mais altas se manifestem. A condição, é claro, é aplicar o intelecto ou a lógica a nossas visões puras, e não à busca de fins materialistas ou triviais.

Como ocorre com qualquer sistema simbólico amplo que afete a percepção e a cognição, os resultados irão variar de acordo com o espírito com que ele for aplicado. A pessoa de inclinações intelectuais ou lógicas e matemáticas poderá descobrir diversas maneiras novas e intrigantes de escrever ou formular a música, além de um curioso sistema de interpretar a já existente. O artista criativo disporá de um novo instrumento para modelar a música à inspiração. O poeta, o místico ou a pessoa de inclinação religiosa poderá compreender melhor como se expressam as intuições acerca do divino, e é dessa maneira que os autores de outrora pretendiam que suas exposições fossem aplicadas. Eles não desejavam distinguir o natural do divino, mas esclarecer a unidade existente entre ambos, que se enevoara na percepção humana.

6

O modelo

A preparação do "Speculum" Hermético ou Espelho Mágico Musical

Tomamos por base os Quatro Elementos, um modelo conceitual da existência que tem sido aplicado nas culturas do Oriente e do Ocidente desde os tempos mais antigos até os dias de hoje. Embora muito já tenha sido escrito sobre os Quatro Elementos, devemos reconsiderá-los sucintamente antes de montar as peças componentes de nosso *Speculum* Hermético ou Espelho Musical.

Os Elementos — Ar, Fogo, Água e Terra — eram arquétipos idealizados de aspectos da existência. E embora se manifestassem em seus equivalentes físicos patentes, eles também permeavam toda a matéria, toda a consciência e toda a energia existente, independentemente da relativa impermanência de sua aparência externa ou qualidade subjetiva. Curiosamente, esse ponto de vista já não está mais em conflito com a física materialista. Porém, é importante não confundir *os Elementos* com a *tabela de elementos* da química, que é um subsistema derivado de uma reformulação dos experimentos alquímicos[1].

Nos sistemas metafísicos sintéticos ou sincronísticos, todos os modos ou aspectos da existência estão relacionados com certas entidades fundamentais: os Elementos. Sua origem pode ser qualquer uma postulada por crença religiosa ou pela intuição, e em todos os sistemas religiosos ou metafísicos dos seres humanos há algo que lhes é equivalente.

Como já explicamos, uma base religiosa é inteiramente desnecessária para a aplicação de nosso modelo hermético, e os Quatro Elementos podem ser compreendidos como quatro princípios de todos os fenômenos observáveis, objetivos e subjetivos: Terra — *solidez relativa*; Água — *fluidez relativa*; Fogo — *incan-*

descência relativa; e Ar — *insubstancialidade relativa.* Esses quatro estados ou ordens relativas aplicam-se igualmente à percepção e cognição humana quanto à existência material. A natureza dos Elementos é tal que eles constituem estados de *inter-relações,* não sendo entidades estanques isoladas.

A figura 6 é um exemplo típico do esquema de inter-relação dos Quatro Elementos, mostrando os diversos atributos dessas inter-relações. Como diagrama, esse é apenas um dentre muitos outros similares — desde ilustrações muito simples até sistemas extremamente obscuros e incompreensíveis — que através dos tempos têm mostrado os Quatro Elementos sob forma de desenho.

Ao contrário do que normalmente se acredita, o objetivo da alquimia ou da magia não era obrigar o mundo natural a servir o operador, mas sim alterar a aparente confusão dos Elementos no mundo exterior ou caído, fazendo-os retornar ao modo primeiro (ou divino) de inter-relacionamento. Isso seria obtido proferindo-se certas palavras poderosas ou fabricando-se a Pedra Filosofal, e o resultado seria a redenção do mundo natural através da mediação da humanidade.

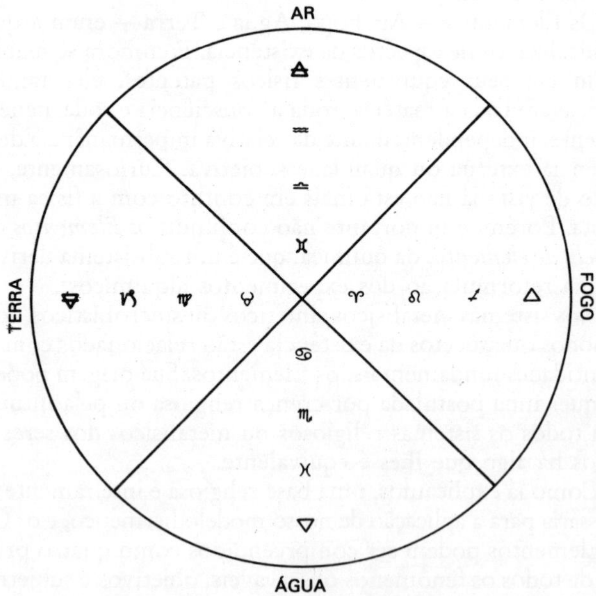

Figura 6 — Os Quatro Elementos

Na musicologia hermética, o operador ansiava por produzir um padrão musical que fosse o mais consoante possível com o arquétipo divino. A teoria subjacente era que tal consonância, ao ser atingida, agiria através das vibrações físicas (acústicas) que a transportavam, causando mudanças efetivas na estrutura consensual da realidade aparente.

As noções modernas de "prazer", "diversão", "entretenimento", "gênio criativo" ou "inspiração emotiva" estavam ausentes de tal modelo musical, e possivelmente teriam sido desprezadas pelos que o praticavam. A música monástica dos dias de hoje ainda consiste em repetições de padrões musicais específicos, associados a textos litúrgicos. Embora a compreensão do sistema tenha se perdido ou sido suprimida, ele ainda é aplicado segundo regras e limitações estritas.

Não é inteiramente descabido sugerir que uma aplicação do sistema musical hermético apresentado nas páginas seguintes possa produzir resultados no ouvinte moderno — particularmente se o ouvinte for também o executante, e especialmente se a execução se der com a voz humana sem afetação.

Depois de considerarmos atentamente a figura 6, devemos incluir notas musicais no conjunto dos atributos. Os que discordarem desse conjunto poderão deixar de fora aquilo que não lhes aprouver, desde que compreendam a seqüência principal da quádrupla inter-relação, ou os Quatro Elementos[2]. Na prática, sistemas desse tipo tornam-se mais eficazes se elaborarmos inicialmente listas de correspondências para depois começarmos a observar os Elementos, em si mesmos e nos fenômenos externos — embora nos estágios iniciais do aprendizado tal aplicação não seja necessária para entender o sistema musical.

Outros atributos musicais, com paralelos que vão além da musicologia, são importantes para montarmos a seqüência elemental: o Ar *inicia*; o Fogo *acelera*; a Água *culmina*; e a Terra *conclui*.

Antes de procedermos à atribuição de notas musicais propriamente ditas, o leitor deve lembrar-se de que tais notas são arbitrárias, e que as *inter-relações* ou *formas* são o fator mais importante. Em outras palavras, se nossos exemplos musicais começarem na nota dó ou na nota sol, não se pretende sugerir em nenhum momento que este ou aquele tom seja algo intrínseco ao Elemento a que foi atribuído.

Há diversas teorias tonais relacionadas aos níveis elementais ou mágicos da existência, mas nenhuma prova conclusiva de que estejam certas. Para compreender plenamente o assunto, deve-se ignorar à questão do "tom", dando plena atenção ao efeito da "inter-relação". É preciso lembrar que na música moderna não ouvimos nem tocamos os intervalos naturais, e que nosso tom padrão foi modificado várias vezes nos últimos cem anos. O valor de uma musicologia alternativa não está em apresentar atributos absolutos — e tais atributos na realidade não podem sequer existir —, mas na abordagem renovadora das inter-relações inerentes às escalas (ou padrões) naturais ascendentes e descendentes de uma música que é comum a toda a humanidade.

Nossos exemplos serão fixados em tons e semitons, os intervalos que acabaram se padronizando na música ocidental. Mas poderíamos igualmente usar quartos de tom, que são intervalos existentes na música tradicional do Ocidente, que ocorrem naturalmente na voz humana e que ainda são muito usados na música do Oriente. Talvez a maneira mais simples de visualizar a música seja através de um gráfico que mostre os intervalos de tom e sua duração. Essa é a única maneira verdadeiramente unidirecional ou linear de apresentar uma passagem musical em termos visuais, e tem sido adotada recentemente por musicólogos — particularmente na expressão da música tradicional, que possui inúmeros aspectos tonais, rítmicos e ornamentais que não podem ser representados pelo sistema severamente limitado de notação que utilizamos (veja figura 7).

No cômputo final, quando todos os preconceitos educacionais são eliminados, a música se revela realmente um conjunto de números, em diversos e variados modos ou seqüências. Na musicologia hermética, isso foi algo que sempre se soube, e nela os números são ordenados e reordenados de acordo com certas *rotações* significativas, expressas como escalas musicais de tonalidade arbitrária.

Por mera conveniência, usaremos a "escala maior" básica comum na música ocidental: o modo de sete notas que ascendem e descem entre oitavas de uma nota inicial determinada. A maioria das pessoas devem estar familiarizadas com essa escala, seja através da voz ou de instrumentos, e ela está tão entranhada na consciência ocidental que praticamente qualquer um é capaz de entoar uma "escala maior"[3].

As alterações modernas de temperamento (ou relatividade entre notas) ocorreram principalmente devido a certos problemas mecânicos na construção dos instrumentos de teclado e às interessantíssimas dificuldades que surgem quando vários instrumentos musicais são tocados juntos. Esse tipo de problema

I

1	dó	ré	mi	fá	sol	lá	si	dó
7	si	dó	ré	mi	fá	sol	lá	si
6	lá	si	dó	ré	mi	fá	sol	lá
5	sol	lá	si	dó	ré	mi	fá	sol
4	fá	sol	lá	si	dó	ré	mi	fá
3	mi	fá	sol	lá	si	dó	ré	mi
2	ré	mi	fá	sol	lá	si	dó	ré
1	dó	ré	mi	fá	sol	lá	si	dó
	1	2	3	4	5	6	7	1

II

1	2	3	4	5	6	7	1
7	1	2	3	4	5	6	7
6	7	1	2	3	4	5	6
5	6	7	1	2	3	4	5
4	5	6	7	1	2	3	4
3	4	5	6	7	1	2	3
2	3	4	5	6	7	1	2
1	2	3	4	5	6	7	1

III

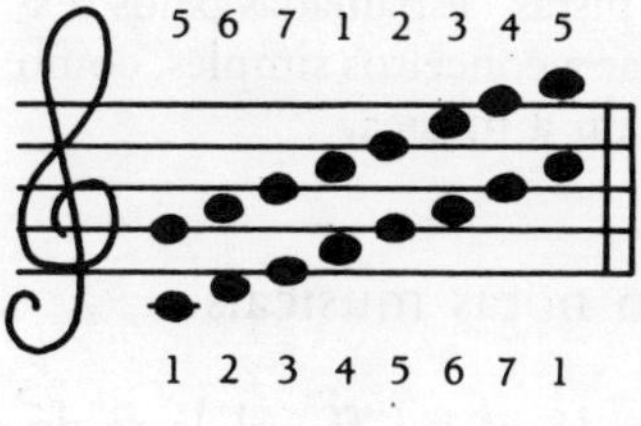

IV

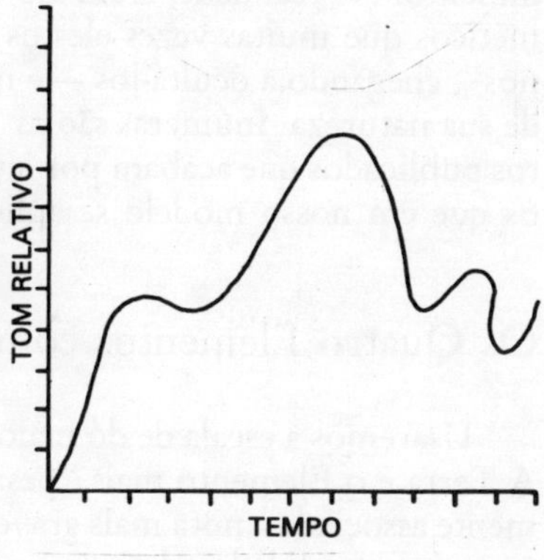

I — Os Elementos em intervalos de "quinta"
II — Os Elementos como números
III — A escala musical e sua quinta em números
IV — Gráfico dos tons relacionados à sua duração no tempo

Figura 7 — Os Elementos como números, tons e tempo

era de fundamental importância para os pensadores herméticos, uma vez que representava a dissonância ou falta de inter-relação inerente ao "mundo caído". Robert Fludd[4], por exemplo, construiu tabelas diagramáticas que supostamente permitiam àqueles que as usassem aplicar ou evitar certas relações harmônicas ao tocar ou cantar. Contudo, na época de Fludd (início do século XVII), a direção geral da música já se afastava do sistema modal ou seqüencial antigo, aproximando-se do que seria mais tarde elaborado como música "clássica".

Pode parecer ao estudante moderno, que considera o assunto em retrospecto, que a musicologia alquímica ou mística daquele tempo tentava justificar-se em função de uma forma harmônica ou clássica. Mas os seus conceitos estão enraizados em padrões modais (de rotação), e não numa polifonia corrigida ou racionalizada.

O leitor deve agora avançar pacientemente em nossos exemplos, tentando deixar de lado todo condicionamento e preconceito intelectual sobre música, para tentar compreender ou entender um modelo musical alternativo. A maioria dos conceitos envolvidos são singelos (mas não pueris), e de fácil entendimento. Na realidade, eram tão evidentes para os autores herméticos que muitas vezes eles os consideraram grandes "arcanos", chegando a ocultá-los — e muita bobagem foi dita acerca de sua natureza. Inúmeras são as "pistas" espalhadas pelos textos publicados que acabam por levar a conceitos simples, como os que em nosso modelo se aplicam à música.

Os Quatro Elementos como notas musicais

Usaremos a escala de dó maior: dó, ré, mi, fá, sol, lá, si, dó. A Terra é o Elemento mais "pesado", e portanto está naturalmente associada à nota mais grave, dó. A Água vem em seguida em substancialidade relativa, com a nota ré. O Fogo está associado ao mi, e o Ar, ao fá.

Com esses quatro passos cobrimos metade da escala básica.

Podemos expressar esses passos de maneira neutra, por meio de números: 1, 2, 3, 4. Uma comparação numérica ajudará a evitar os preconceitos musicais referentes a tons, sendo apenas necessário que a rotação das seqüências numéricas seja mantida: Terra, 1; Água, 2; Fogo, 3; Ar, 4. Para completar a escala, efetuamos uma segunda revolução no círculo de inter-relações: Terra, sol/5; Água, lá/6; Fogo, si/7; Ar, dó/8.

Se continuássemos esse processo mais uma oitava, acabaríamos por gerar uma espiral de inter-relações, como na figura 8.

Antes que a *Terra* seja expressa como a nota dó pela segunda vez, a espiral percorre quatro oitavas (ou os números 1 a 28).

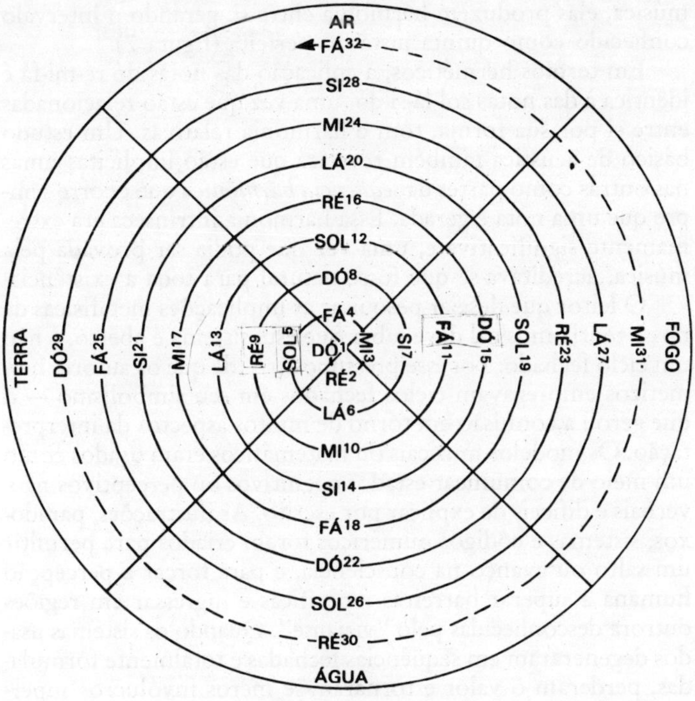

Figura 8 — A expansão da espiral da música

Um exame dessa espiral revelará uma série de inter-relações básicas encontradas na música. Essa série, por si própria, é insuficiente, pois constitui apenas *uma parte* do conjunto de inter-relações implícitas num modelo musical hermético. A espiral pode ser girada indefinidamente, retornando à Terra/dó no início de cada oitava revolução[5]. Essa seqüência é o padrão original, do qual as energias ou relações elementais são geradas.

No modelo conceitual subjacente ao tipo do sistema empregado pelos filósofos herméticos, alquimistas e metafísicos, todas as partes constitutivas são reduzidas a seus componentes mais simples, os números 1 a 4, ou os Quatro Elementos.

Se fizermos isso com as notas musicais, resta-nos a seqüência dó-ré-mi-fá no modo ou escala que escolhemos, e que constitui uma metade da oitava: Terra, Água, Fogo, Ar. Se considerarmos essa seqüência quádrupla sob forma gráfica, verificaremos que dó-ré-mi-fá possui o mesmo perfil que sol-lá-si-dó. Na música, elas produzem harmonia entre si, gerando o intervalo conhecido como quinta justa ou perfeita (figura 7).

Em termos herméticos, a aplicação das notas dó-ré-mi-fá é idêntica à das notas sol-lá-si-dó, uma vez que estão relacionadas entre si por sua forma, tom e harmonia relativas. Um estudo básico de acústica também revelará que estão implícitas umas nas outras como partes da *seqüência harmônica* que ocorre sempre que uma nota é gerada. Essa harmonia intrínseca era extremamente significativa e, uma vez que podia ser provada pela música, acreditava-se que fosse natural para toda a existência.

O leitor que desejar pesquisar as implicações metafísicas de nossa teoria musical deve saber que este sistema é aberto, e não um ciclo fechado. Foi esse pressuposto — de que os autores herméticos empregavam ciclos fechados em seu simbolismo — o que gerou a confusão em torno de muitos aspectos da interpretação. Os modelos musicais ou matemáticos eram usados como um meio de comunicar estados cognitivos ou perceptivos não-verbais e difíceis de explicar por escrito. As ilustrações, paradoxos, sistemas e códigos numéricos foram criados para permitir um salto ou avanço na consciência, e para forçar a percepção humana a superar barreiras específicas e ingressar em regiões outrora desconhecidas pelo "viajante". Quando os sistemas usados degeneraram em seqüências fechadas e totalmente formuladas, perderam o valor e tornaram-se meros invólucros superficiais. A astrologia é um excelente exemplo disso: sua enorme popularidade se deve às previsões de ordem prática, enquanto os aspectos mais sutis, reconhecidos pelos bons astrólogos, fundamentam-se em ciclos de sincronicidade que não são compreendidos. Talvez devamos ser justos, e afirmar que também a física e a química podem ser sintetizadas dessa maneira.

Alguém poderia supor que, para ativar os Elementos inerentes à escala (ou meia-escala) musical, seria preciso compor um tipo de música apropriadamente evocatória ou invocatória; mas, como já se sugeriu, a musicologia hermética busca tal música em seqüências numéricas que representariam ordens mais elevadas de existência. Deixando de lado a discussão sobre a existência ou não de tais ordens — discussão que vem se prolongando há muitos milhares de anos —, nada nos impede de examinar o sistema utilizado para obter essas seqüências numéricas.

Tradicionalmente, as sete notas da escala são atribuídas aos sete planetas conhecidos pelos antigos. Estes criaram a conhecida "Música das Esferas", uma simbologia de proporções que foi aplicada a concepções geocêntricas e heliocêntricas do sistema solar, e que influenciou profundamente o desenvolvimento da astronomia moderna.

Resta demonstrar como o sistema elemental e o sistema planetário se inter-relacionam. Diversas tentativas foram feitas para chegar a essa teoria unificada, que deve, em última análise, fundamentar-se na geometria esférica e em estruturas como os famosos sólidos platônicos, e não em malabarismos literários com as tabelas de correspondências.

Nos modelos mágicos ou metafísicos básicos da Criação, uma simples seqüência numérica é usada como analogia de processos que estão além da concepção ou entendimento normal. Se aplicarmos literalmente esses princípios análogos, da maneira mais simplista possível, estaremos reproduzindo a elaboração dos modelos usados pelos autores e pensadores herméticos.

A quadratura do círculo

Para poder expressar acusticamente nosso Espelho Musical, precisamos antes *"quadrar" o círculo*. Esse antigo problema aparece de diversas maneiras na metafísica, desde exemplos bastante simples, como os que se seguem, até quadrados mágicos complexos que jamais foram resolvidos ou traduzidos — como os do criptógrafo John Dee, que trabalhou para a rainha Elizabeth I da Inglaterra. (Embora haja quem reivindique ter traduzido os sistemas de Dee, as traduções não são de modo algum precisas, completas ou mesmo inteligíveis.)

Embora tenhamos nos referido a alguns conceitos bastante abstrusos, nenhum conhecimento matemático é necessário para acompanhar as propostas da figura 9, na qual ocorrem apenas os número 1 a 4.

Nesse caso, nós não "somamos" os quadrados mágicos, mas os tocamos ou cantamos, atribuindo uma nota de nossa escala a cada número.

Isso nos dá a figura 10, com quatro seqüências ou apelos musicais elementais.

Cada seqüência é obtida relacionando os quatro números básicos numa ordem mutante — sendo que a ordem inicial 1-2-3-4 ou 4-3-2-1 é considerada como um fundamento a partir do qual são geradas as mudanças ou rotações. O quadrado nos mostra de imediato o surgimento de pares de opostos (ou contrários) entre Ar/Terra e Água/Fogo.

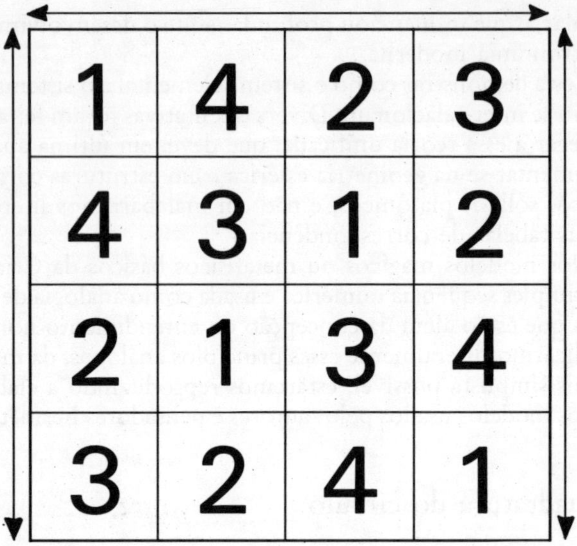

Figura 9 — O Quadrado Elemental como números

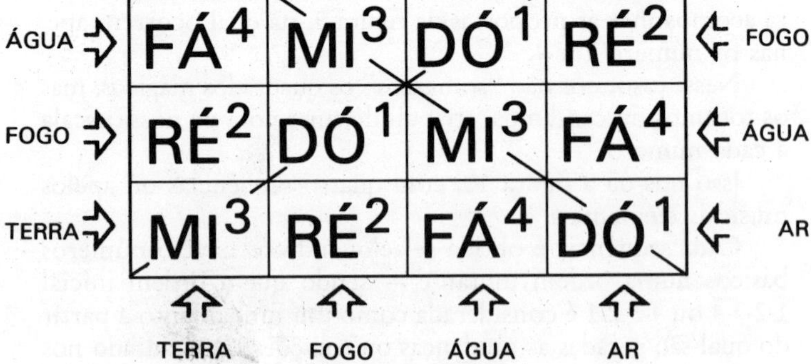

Figura 10 — O Quadrado Elemental como música

Convém lembrar mais uma vez ao leitor que este não é um sistema definitivo, mas meramente um exemplo de como tais sistemas são gerados.

Para aplicar essas frases musicais, nós as distribuímos pelo Círculo Elemental básico, atribuindo um apelo ou frase a cada quadrante. A espiral de oitavas nos revela imediatamente que há sete notas implícitas ou passivas em cada quadrante ele mental. Elas são ativadas por combinações específicas, como as tiradas do quadrado numérico usado em nosso exemplo.

Seguindo fielmente nossa escala musical, poderemos atribuir a nota fundamental dó não apenas a cada Elemento por vez em seu giro pela espiral de oitavas, mas também usá-la como uma espécie de baixo contínuo ou pedal sobre o qual se formam todas as várias harmonias possíveis. Isso é mostrado na figura 11.

Nessa ilustração temos outro diagrama-mestre dos potenciais, isto é, do estado ideal de equilíbrio entre as Quatro Unidades Relativas. Uma nota permanece no centro, enquanto as outras três indicam as relações potenciais que estão desativadas ou desligadas. Isso corresponde ao estado metafísico da "Não-

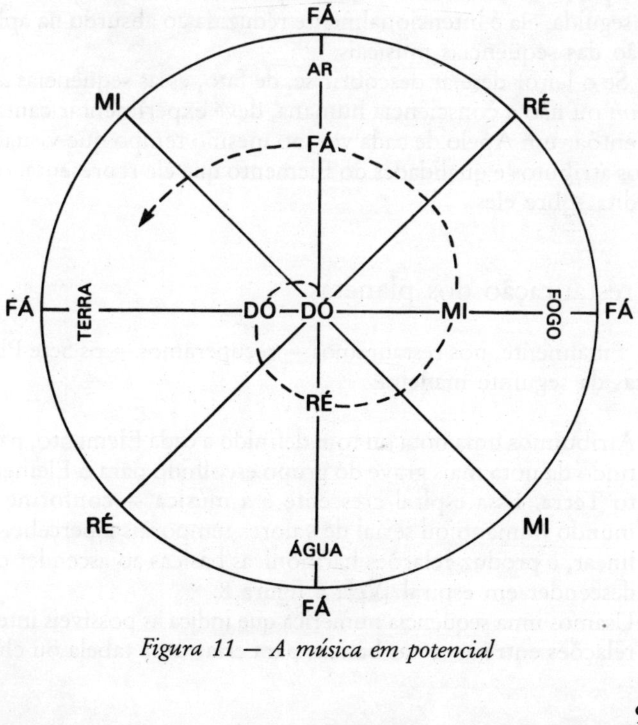

Figura 11 — A música em potencial

Diferenciação", representado de diversas maneiras pelas diferentes escolas de simbolismo.

A espiral da figura 8 representa as etapas aparentes da criação numa analogia bidimensional que é exatamente como nós representamos as etapas da escala musical a partir da qual nossa música se forma. Essa espiral, contudo, é tão-somente o resultado das limitações de nossa percepção, e os padrões elementais — as Quatro Divisões Relativas do Círculo — são na realidade a representação plana de uma Esfera, composta de três Anéis ou Círculos. Em outras palavras, de acordo com a concepção hermética, nós *pensamos* que a música é composta de etapas ou escalas graduadas e graduais, mas na realidade estas são uma mera ilusão de continuidade proveniente de outros padrões que geralmente não conseguimos perceber.

O valor de todos os nossos jogos numéricos, quadrados mágicos, diagramas sobrepostos, etc., não está em eles serem uma tentativa literal de manipular diversos fatores e de forçá-los a se conformar a concepções religiosas prévias. Trata-se sim de uma tentativa analógica de indicar como a Criação poderia se dar a partir de uma combinação de princípios ativos e passivos; em seguida, ela é intencionalmente reduzida ao absurdo na aplicação das seqüências musicais.

Se o leitor desejar descobrir se, de fato, essas seqüências *alteram* ou não a consciência humana, deve experimentar cantar ou entoar um Apelo de cada vez, ao mesmo tempo que visualiza os atributos e qualidades do Elemento que ele representa, ou medita sobre eles.

A restauração dos planetas

Finalmente, nós restauramos — recuperamos — os Sete Planetas da seguinte maneira:

1. Atribuímos uma nota ou tom definido a cada Elemento, partindo da nota mais grave do grupo escolhido para o Elemento Terra. Essa espiral crescente é a música — conforme o mundo humano ou serial de valores temporais a percebe. É linear, e produz relações harmônicas básicas ao ascender ou descender em espiral. Veja a figura 8.
2. Usamos uma seqüência numérica que indica as possíveis inter-relações entre as notas básicas para criar uma tabela ou cha-

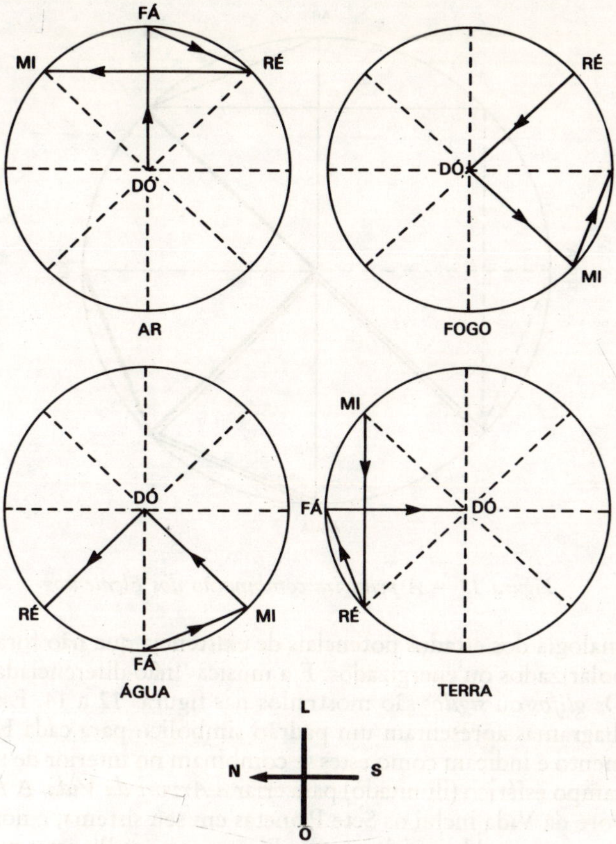

Figura 12 — Os glifos musicais dos Elementos

ve com quatro chamadas ou formas representativas passíveis de serem expressas como frases musicais.

Cada um desses chamados representa um Elemento, e a correlação entre os padrões formados pelas notas também revela a polaridade dos contrários dentro dos próprios Elementos. Veja as figuras 9 e 10.

3. Aplicamos a chave (que é meramente um modo de expressar certas combinações numéricas inerentes aos números 1 a 4 — aparentemente parte da estrutura da existência tal como a percebemos) ao campo potencial, que age como a superfície lisa do nosso *Speculum* Hermético. É a figura 11, uma

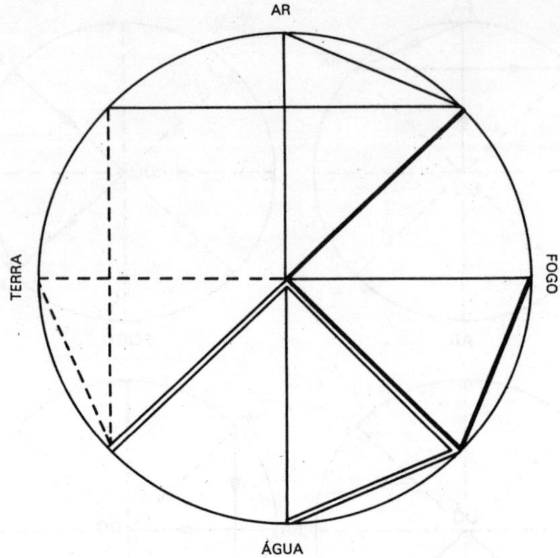

Figura 13 — A primeira combinação dos Elementos

analogia dos estados potenciais de existência que não foram polarizados ou energizados. É a música "não-diferenciada".

4. Os *glifos* ou *sigilos* são mostrados nas figuras 12 a 14. Esses diagramas apresentam um padrão simbólico para cada Elemento e indicam como estes se combinam no interior de um campo esférico (ilimitado) para criar *a Árvore da Vida.* A Árvore da Vida inclui os Sete Planetas em seu sistema, e nossa chave musical hermética une os Elementos e os Planetas num sistema acústico genuíno efetivo, que pode ser usado para canto, composição ou análise musical.

Essa explicação do sistema, e dos princípios dos quais ele provém, é necessariamente curta. Há muitas conclusões a serem tiradas do simbolismo numérico, geométrico e harmônico, e do simbolismo mágico tradicional do hermetismo e da Cabala, para ocupar a mente e a atenção do leitor curioso. A maioria desses sistemas antigos e pouco compreendidos não são diretamente passíveis de explicação pelo esforço lógico ou intelectual normal, mas derivam de chaves como as descritas antes — que poderão ajudar a explicar muitos dos códigos, sinais e seqüências simbólicas indecifráveis usados nos manuscritos, livros e exposições tradicionais.

E, sobretudo, eles representam um meio de aplicar os conceitos metafísicos como unidades *capazes de serem comunicadas diretamente.* Não há nenhuma forma de comunicação tão pura e tão aberta à transmissão de um modo geral como a música. E se algumas das teorias dos autores de outrora acerca da natureza da realidade estiverem corretas, veremos que elas podem ser aplicadas aos esquemas musicais que nos vêm sendo transmitidos desde tempos imemoriais.

Esses esquemas foram finalmente transpostos para a linguagem escrita numa época em que se tornou claro que o *corpus* tradicional de saber sobre a realidade (que abrange religião, magia, física, química, metafísica, filosofia, música, poesia, arte, dança e teatro) estava prestes a ser fragmentado pela geração de uma nova onda de consciência, a da "Idade da Razão". Nós, no sé-

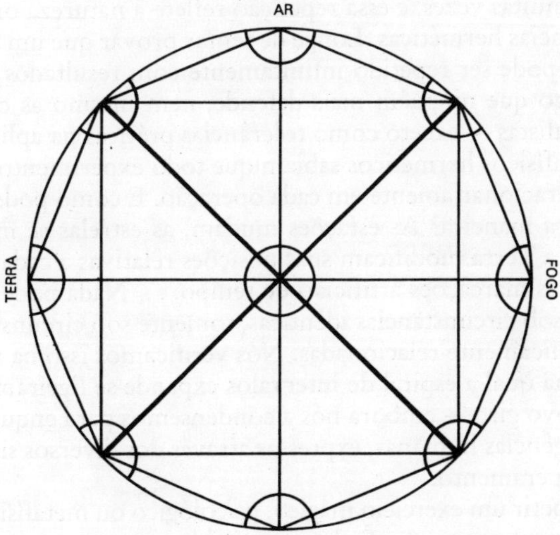

Os elementos musicais numa oitava completa.

(1) Obtém-se a Quadratura do Círculo
(2) Os Elementos são unificados
(3) Uma Árvore da Vida Perfeita é gerada
(4) Há uma relação harmoniosa dos Planetas

Figura 14 — Um ciclo completo dos elementos musicais

culo XX, vivenciamos os problemas e os benefícios que se manifestam a partir dessa onda de razão e empirismo, e a Espiral (simbolizada pela espiral de oitavas) volta-se hoje para uma reavaliação das teorias metafísicas (e até das mágicas), agora que começam a ser corroboradas pelas notáveis descobertas modernas da física, da biologia e da psicologia.

Se o leitor obteve êxito no experimento musical descrito há pouco e formou uma concepção interna do Espelho Musical, este irá adquirir vida em sua imaginação, e poderá levar a outras compreensões e a afinidades com outros ramos das artes e ciências metafísicas ou esotéricas. Por outro lado, caso o leitor deseje restringir sua aplicação aos aspectos terapêuticos ou criativos da música, também nessa área o uso contínuo do modelo será recompensador.

Tradicionalmente, os experimentos alquímicos eram realizados muitas vezes, e essa repetição reflete a natureza orgânica das ciências herméticas. Longe de tentar provar que um experimento pode ser repetido infinitamente com resultados idênticos (algo que ninguém mais defende, nem mesmo as ciências materialistas — exceto como tolerâncias práticas na aplicação), os metafísicos herméticos sabiam que todo experimento modifica-se fracionariamente em cada operação. E como poderia ser de outra maneira? As estações mudam, as estrelas se movem, o Sol e a Terra modificam suas posições relativas a cada batida de nossas marcações artificiais de tempo. . . Nada pode ser repetido sob circunstâncias idênticas, somente sob circunstâncias harmonicamente relacionadas. Nós verificamos isso na música física, na qual a espiral de intervalos expande-se ligeiramente a cada novo giro — embora nós a condensemos para enquadrá-la nas exigências humanas, expressas através dos diversos sistemas de temperamento.

Repetir um exercício mágico, psicológico ou metafísico não é uma mera reiteração. É algo que molda e regenera a consciência diante de uma série de inter-relações internas e externas em espiral e em constante modificação. Os músicos sabem disso pela disciplina de seus estudos práticos: no final as mãos passam a cuidar de si mesmas, e novas percepções criativas começam a ganhar vida com a música que as mãos estão tocando. Entretanto, essa profunda interação entre ser humano e música não seria possível sem horas e horas de repetição, durante as quais cada evento é repetido de modo ligeiramente diferente da vez anterior.

Os padrões musicais básicos usados na construção do Espelho, ou da Árvore da Vida, não são meras etapas a ser superadas. Sua simplicidade é a simplicidade de unidades fundamentais que podem ser amalgamadas em estruturas extremamente profundas e complexas — e as estruturas são entidades harmônicas encontradas na consciência humana e na macrocósmica, que as tradições religiosas e esotéricas afirmam estar uma oitava acima da nossa própria.

Uma vez construído o Espelho, ele pode ser revitalizado na imaginação, e por fim levará nossa atenção cognitiva e perceptiva aos domínios indicados ou sugeridos pelos autores antigos, pelos místicos, e pelas implicações do desenvolvimento das ciências.

7

A voz, o canto e os centros de energia

Este capítulo parecerá altamente especulativo para alguns leitores; enquanto os motivos musicais ou Apelos Elementais mantêm uma relação psicobiológica com uma série de pesquisas modernas, a teoria dos centros de energia ou centros tonais é inteiramente tradicional, e começa onde a ciência e a medicina deixam de especular. Ela guarda certas analogias íntimas com a prática da acupuntura — que define um conjunto de caminhos energéticos, ou meridianos, na estrutura vital do ser humano —, mas leva essa definição mais adiante, pois especifica que as energias são diretamente afetadas pela vontade, isto é, pela operação controlada da própria consciência[1].

Tais tradições são de fato antiqüíssimas, e sabe-se que seus paralelos orientais existem há milhares de anos. No Ocidente, não temos provas tão concretas de sistemas estabelecidos; ainda assim, conhecimentos esparsos e difusos permanecem, filtrados pelas fontes clássicas ou pela tradição oral. A teoria dos centros de energia ou centros tonais é explicitada bem claramente em diversas ilustrações alquímicas ou teosóficas da Renascença, que reapresentam de modo formal uma tradição oral quase oculta. Podemos supor, sem qualquer comprovação mais substancial, que uma ciência desse tipo é preservada no seio da Igreja Católica — e não inteiramente através de desenvolvimentos específicos da ordem dos jesuítas, mas de tradições monásticas anteriores. Essas tradições, por sua vez, são um eco de resquícios de ensinamentos pagãos sobre o elo energético entre a psique e o corpo humanos[2].

Algumas fontes medievais, como *As profecias de Merlim* (século XII), parecem preservar tradições poéticas orais em que são demonstradas as energias interiores. Talvez representem vestígios de ensinamentos druídicos ou célticos, apresentados de forma confusa mas ainda assim acessível[3].

Quaisquer que sejam as origens históricas e culturais desses sistemas, ninguém pode negar sua persistência. Ainda que totalmente espúrios, eles ressurgem a cada século com surpreendente regularidade. São, em suma, um conjunto intrínseco de intimações, algo que desponta das profundezas da consciência na forma de diversas expressões teóricas. Assim, é indubitável que a teoria dos centros energéticos ou tonais possui certo fundamento intuitivo na interação entre a atenção cognitiva e perceptiva e o fluxo de energia pelo corpo físico[4].

Nas tradições mágicas e metafísicas que precederam a psicologia moderna, a *imaginação* era de soberana importância. É a imaginação controlada (moldando a consciência em conjuntos de imagens por um ato da vontade) que serve como meio fértil em que teorias obscuras brotam para a vida como experiências reais.

Isso não significa, em absoluto, que tudo não passa de uma fantasia inócua, pois a capacidade de formar imagens é a força mais poderosa dos seres humanos. A imagem de nós mesmos (como a psicologia moderna não cessa de afirmar) possui efeitos notáveis sobre a mente e o corpo. Na psicologia mágica ou tradicional, a imaginação é empregada como Terra, ou seja, como o solo ou chão que é moldado pela vontade e pela prática em matrizes das energias vitais inerentes a nós.

Diz-se freqüentemente que nosso corpo físico é o Elemento Terra, o homem feito de argila vermelha[5]. Porém, nosso corpo é a expressão de todos os Quatro Elementos moldados pela imaginação. Ao mesmo modo como formamos as imagens, nós nos expressamos. Nos antigos sistemas mágicos/psicológicos elementais, a imaginação é um dos harmônicos mais elevados do Elemento Terra.

Assim, o argumento "Ah, mas é tudo imaginário" não invalida essa teoria de maneira alguma. A imaginação treinada ou disciplinada é muito diferente da ociosa ou dissipada, e exercícios dos tipos descritos adiante constituem o treinamento básico para desenvolver a imaginação como um poderoso instrumento. Por fim, é a imaginação que cria o mundo exterior, moldando as energias que entram na formação desse mundo através de matrizes específicas. Nossa primeira experiência desse poder se dá, é claro, dentro de nós mesmos.

O método de operação mostrado nos diagramas e no texto é ligeiramente diferente daquele que normalmente se publica, uma vez que representa um sistema "interior" ou "secreto" — embora todos esses "segredos" sejam bastante evidentes para uma consciência devidamente sincronizada com a formação de imagens. É um sistema harmônico, como convém a um estudo da consciência esotérica e da música, e não uma prática religiosa, dogmática ou que implique culto. Podemos ser cristãos ou pagãos, e ainda assim empregar a imaginação num trabalho dessa espécie sem ofender a Deus ou à Deusa. Nesse sentido, vale lembrar que os escritos alquímicos ou herméticos eram freqüentemente obra de cristãos fervorosos, e que a sabedoria esotérica do Graal era parte de uma cultura medieval altamente ortodoxa; no entanto, tanto esta como aqueles preservaram níveis conscientes e inconscientes de técnica mágica.

Até mesmo o materialista ou o ateísta pode fazer experiências com a imaginação. Na realidade, tal pessoa goza de nítidas vantagens em alguns aspectos, por estar em condições de efetuar os exercícios com uma consciência isenta de qualquer condicionamento religioso. Entretanto, basta possuir um fragmento de imaginação ativa[6] qualquer para que esse tipo de disciplina funcione, quase como decorrência do próprio esforço aplicado. Em última análise, a interação entre as energias humanas e os tons vocais moldados pela imaginação é algo natural — é próprio da natureza. Podemos, portanto, lançar fora todos os conceitos de magia, paganismo ou cristianismo, e simplesmente trabalhar com o sistema aqui sugerido.

Como usar a teoria

O material é apresentado de forma concentrada e direta, de modo que algumas notas gerais sobre seu uso serão úteis.

1. Leia o sistema ou esquema por inteiro diversas vezes, até estar familiarizado com seu conteúdo e desenvolvimento.
2. Faça os exercícios num aposento tranqüilo, onde não seja perturbado; esse simples fator essencial é, em si, quase uma garantia de sucesso final. A imaginação e as energias sutis requerem um espaço isolado e um período de tempo ininterrupto para despontar plenamente à vida.
3. Evite o uso da televisão enquanto estiver se dedicando aos exercícios; quando a faculdade de formar imagens é transposta para o exterior (como acontece no caso da TV), o fluxo das energias ativas nos centros energéticos é debilitado.
4. Siga os conselhos musicais dados no apêndice "Uma dieta musical".

5. Quando estiver familiarizado com o material, comece a trabalhar despertando os três primeiros centros ou tons vocais (Terra, Água e Fogo). O estudante só poderá progredir para os centros mais elevados quando os três primários já tiverem um certo grau de flexibilidade e desenvolvimento. Não há nada de esquivo, secreto ou "oculto" nessa limitação. O fato é que nós não tentaríamos levantar grandes pesos ou correr numa maratona sem certo treinamento e aquecimento preliminares. O corpo humano não amadurece subitamente: ele vai pouco a pouco crescendo, até chegar à forma adulta. Essas duas analogias se aplicam ao uso dos centros de energia e tons vocais. A progressão harmônica suave produz resultados; tentativas súbitas e desequilibradas, não.
6. Tente manter um pequeno diário de suas reações físicas subjetivas e imaginativas diante dos exercícios. Isso o ajudará a definir seu próprio desenvolvimento e a tornar-se sistemático em suas visualizações.
7. Para obter resultados, mesmo os mais modestos, é necessário dedicar aos exercícios um curto período de tempo todos os dias. Quinze a vinte minutos serão suficientes, mas não cinco.
8. Não faça esses exercícios se estiver fazendo uso de qualquer tipo de droga ou medicamento (incluindo álcool, tabaco e maconha). Eles simplesmente não darão resultados se houver filtros químicos em operação, e é facílimo nos iludir quando estamos desequilibrados por drogas que circulam em nossa corrente sanguínea.
9. Enquanto faz esses exercícios especiais, não tente praticar nenhum método oriental popular de meditação adaptado para euroamericanos. Nenhum músico almejaria tocar piano e harpa, ou cítara e violino, ao mesmo tempo. Todos são instrumentos musicais, todos usam técnicas semelhantes, mas a habilidade se desenvolve com a limitação e a concentração num instrumento específico por vez. Em nosso exemplo, o instrumento é o modelo ou sistema específico de centros de energia ou tons vocais, proveniente das antigas e perenes tradições esotéricas ocidentais. Como instrumento ele é excelente, receptivo e sensível, tendo sido construído para nosso uso por muitos especialistas de vastas experiências. É também um instrumento diretamente ligado a nossa psicologia e fisiologia, e a nossa herança psíquica das culturas de outrora.

Visualização

Muitas publicações recentes têm enfatizado cada vez mais o uso da visualização. Houve época, durante os séculos de repressão ao cristianismo, em que essa técnica foi tida como um "segredo oculto". Mas, para outras culturas anteriores, a própria vida estava envolvida e era unificada num contínuo entrelaçamento de visões. Hoje nós começamos a voltar lentamente a uma reafirmação daquela faculdade visionária, ao menos no que tange ao bem-estar físico e psíquico. A visualização mágica ou criativa leva essa noção muito além — embora os livros modernos, tanto os psicológicos quanto os metafísicos, tendam a generalizá-la e a unificá-la falaciosamente. São muito variadas as faculdades, estilos e métodos de visão criativa, e o estudante deve conhecê-las.

Há uma tendência infausta, entre os livros modernos, de tratar quase que exclusivamente de imagens oníricas: paisagens tranqüilas, aventuras interiores, viagens etéreas, e assim por diante. Embora elas sejam inegavelmente terapêuticas num sentido brando, e constituam uma boa introdução aos níveis da consciência que a televisão hoje usurpou e que correm o risco de se atrofiar, nós não as empregaremos no uso dos tons vocais e dos centros energéticos.

Imagens visuais e tons vocais

Nos primeiros estágios desses exercícios, muitos estudantes experimentam um jorro de imagens ou pequenos vislumbres efêmeros de paisagens interiores, de pessoas, de símbolos e de outros materiais, enquanto outros não conseguem perceber essas imagens no seu campo de visão interno. Entretanto, em ambos os casos as imagens oníricas aleatórias não são parte da técnica. Elas pertencem a uma técnica correlata de composição ou visualização criativa, da qual tratam muitos outros livros. Aqui as imagens que porventura surgirem devem ser tratadas como um efeito colateral. Elas não são importantes, nem triviais; simplesmente ocorrem em certas fases do processo. Há diversas técnicas de concentração e tranqüilização por meio da meditação que podem ser úteis se as imagens persistirem excluindo o trabalho a ser realizado efetivamente, mas uma correção simples e contínua da imaginação, desde que coerente com o mesmo simbolismo descrito nos exercícios, geralmente é eficaz.

Como em todos os métodos especializados, uma certa constância de prática faz com que o trabalho se desenvolva rapidamente, e por fim a própria entonação dos sons fará com que as energias simbólicas dos centros tonais entrem em consonância com a consciência.

Não devemos nos deixar atrair pelas paisagens interiores, e particularmente não desperdiçar o valioso tempo dedicado aos exercícios vagando ociosamente por elas; poderemos nos deleitar nisso em outros momentos do dia, ou lendo e ouvindo músicas que cativem a imaginação. A televisão não é recomendada nem como lazer enquanto se trabalha nesses exercícios.

No sistema elemental tradicional, emprega-se a imaginação como uma energia ou poder da Terra (não confundir com a energia telúrica do planeta Terra). Os tons vocais estão, portanto, igualmente associados ao sentido do tato e ao da audição. Ambos são na realidade aspectos de um só sentido, e reagem a intensidades diferentes de vibração. A audição reage às vibrações acústicas do ar transmitidas ao nosso arcabouço físico ou a seus órgãos sensíveis. Assim, os centros de energia passam a reagir à sensação ou toque interior das energias mais sutis que estão associadas ao tom musical. Em nossa analogia musical, poderíamos definir a nota física como dó, ré, mi ou fá; as energias interiores são então uma oitava superior ou um harmônico dessa nota, girando na espiral elemental mostrada na figura 8.

Essa analogia talvez ajude a esclarecer a geração de "visões" no decorrer desses exercícios interiores, pois elas pertencem a outro ciclo de tons em outro nível da espiral. O despertar inicial dos centros de energia é *sentido* (Terra, tato) e não *visto* (Fogo, luz, visão). As diferenças são apenas diferenças de intensidade de vibração, exatamente como as diferenças entre notas musicais são apenas velocidades diferentes de vibração. A analogia musical é extremamente útil nas artes ou ciências interiores, pois possui uma expressão exterior perfeitamente acessível: sons audíveis, fórmulas matemáticas e, em muitos casos, vibrações perceptíveis pelo corpo. Há ainda muitas vibrações musicais intangíveis ou imperceptíveis que são sentidas por nosso organismo, mas que não se tornam necessariamente evidentes à consciência normal voltada para fora.

Por fim, acabamos por descobrir que as percepções são efetivamente variações de uma percepção unificada. Embora possamos afirmar isso intelectualmente, ou mesmo prová-lo cientificamente, em geral não conseguimos firmar essa unidade em nossa própria consciência. A tendência geral das pesquisas e das publicações progressistas sobre consciência tem sido em direção a essa unidade plenamente definida (embora esquiva) — seja no domínio religioso, místico, psicológico ou matemático.

Quando colocamos de fato em ação a metafísica, nós nos aproximamos dessa unidade por meio de operações intencionais de diversidade. O modelo elemental da música e da consciência, a Espiral, deve demonstrar esse método e ajudar-nos a ampliar as áreas de percepção de nossa consciência.

Uma pausa

Caso os exercícios se tornem cansativos, ou de qualquer maneira negativos, não se deve tentar forçá-los. Um dos traços mais interessantes de todo trabalho criativo (seja música, arte, poesia, pesquisa científica ou metafísica) é que uma pequena pausa no momento certo irá transformar drasticamente o resultado final, trazendo sucesso onde um grande esforço só teria produzido malogro.

Isso é claramente indicado na estrutura dos próprios centros de energia: há um ponto de transição entre o centro do coração (Fogo) e o centro da laringe (Ar), e nesse ponto uma pausa é muitas vezes essencial antes que se possa continuar a progredir. Na Árvore da Vida essa pausa é indicada pelo *Abismo,* uma pulsação ou pausa natural entre os domínios da consciência expressa e da consciência superior, ou entre o sistema solar e o universo maior. A pausa se dá quando a cognição e a percepção atentas se deparam com o infinito. A ponte para atravessar esse despenhadeiro é um modo (ou estado) equilibrado e específico da consciência. Não se supera o Abismo pela força ou pela ignorância, nem com estímulos falsos ou medo (figuras 3 e 16)[7].

Uma pausa nos exercícios permitirá muitas vezes que o estudante possa voltar a eles e obter sucesso, quando antes a transição lhe havia sido barrada. A pausa, contudo, não deve tornar-se desculpa para uma prática errática; assim como na música física, os tons vocais metafísicos precisam de ensaio contínuo para amadurecer plenamente.

Nenhuma das regras acima é particularmente difícil de cumprir, e é fora de dúvida que uma tentativa bem-intencionada de trabalhar por um período de teste com este material nas linhas descritas produzirá resultados. Mas ir além do primeiro nível de resultados exige uma disciplina persistente e dedicada; e o pleno uso dos centros de energia e dos tons vocais pode demandar anos.

Como o método é orgânico e holístico, os resultados não podem ser medidos em termos limitados. E como a teoria é metafísica, as possibilidades não podem ser definidas em meras palavras, devendo ser intuitivamente apreendidas na própria Árvore da Vida.

Tudo o que se falou sobre música e alquimia demonstra que *nós* somos a Árvore da Vida no mundo exterior, no mundo interior e, por fim, no mundo maior do macrocosmo. Já aquela pausa é parte de uma outra história, que não cabe neste experimento musical.

As notas musicais e os centros de energia

Algumas tradições referentes aos centros de energia ou centros "psíquicos" do corpo tiveram grande divulgação, principalmente as que procedem de autoridades e métodos do Oriente. Como a música age física e metafisicamente para acionar ou fazer vibrar esses centros em diversos níveis, devemos considerar alguns simples atributos básicos, e também a teoria para o trabalho prático.

Uma vez que estamos reafirmando um sistema esotérico ocidental, dotado de grande poder, resistência e duração, convém definirmos o vocabulário que será usado. O sistema abaixo não é o único sistema possível, nem é oferecido como aquele que é verdadeiro ou genuíno. Trata-se de um sistema já estabelecido, que funciona de modo tremendamente eficaz com um pouco de disciplina e prática constantes, e está ligado a perenes tradições do simbolismo hermético, mágico e metafísico do Ocidente.

Os centros de energia

Vamos despertar cinco centros de energia: um para cada Elemento (completando quatro) e mais uma confluência e radiância final no interior da cabeça do meditador, que geralmente é associada ao despertar do Espírito. Em nossa tradição, esses centros não são chamados de centros psíquicos, pois esse termo muitas vezes é confundido com espiritualismo e mediunidade; nem se deve usar a palavra "psique" no seu sentido clássico ou no moderno sentido da terminologia psicológica.

Os centros são nodos (ou pólos) de energia, de potência vital, que normalmente permanecem semi-adormecidos. Estão intimamente associados a nossa saúde e vitalidade, ao vigor e orientação sexual e, em algumas circunstâncias, à visão interior ou poder visionário sagrado. Foi essa última conexão o que os levou a serem chamados de centros "psíquicos", embora a visão interior não seja necessariamente o mesmo que a clarividência popular[8].

Se despertarmos e interligarmos esses centros, permitiremos um fluxo livre e altamente intensificado de energia vital, um fluxo que tradicionalmente é empregado para energizar as faculdades interiores (a mente e a alma) e expandi-las até ordens mais elevadas da consciência. Enquanto se permanece nesses estados mais elevados, um vigor espiritual correspondente é obtido, combinando-se e harmonizando-se com a energia vital dos pontos energéticos. A operação toda é conhecida nas tradições ocidentais como o *Despertar do Fogo Interior*, sendo uma das práticas centrais e essenciais da magia, do misticismo, da contemplação religiosa e da metafísica aplicada em todas as escolas de desenvolvimento espiritual ou interior.

Muita bobagem foi dita e escrita sobre essa organização bastante natural, mas rara, de energias vitais. Não é um grande segredo (e nem muito menos está à venda), não é uma perversão ou uma degradação (pois, como a energia sexual ou polar, também pode ser pura ou impura de acordo com o grau de inocência ou graça da pessoa), e não é essencialmente perigosa, nociva ou de alguma forma desequilibradora. Mas como acontece com qualquer treinamento ou atividade energética especial, do atletismo ao regime alimentar, usá-la de maneira tola, frívola ou obsessiva pode gerar problemas — mas esses são problemas do indivíduo que abusa de suas energias, e não das energias em si.

Os quatro centros possuem correspondência com locais físicos do corpo, e muitas vezes se afirma que estão associados a glândulas corpóreas ou regiões de plexos. Como há uma enorme literatura sobre esse tipo de relação, passaremos inteiramente ao largo disso e definiremos apenas um conjunto bastante básico de atributos — deixando ao leitor realizar seus próprios experimentos ou avaliações de outras relações que possam ou não estar presentes. O sistema aqui apresentado baseia-se nos Quatro Elementos no Pilar do Meio da Árvore da Vida e nos Quatro Mundos (figuras 15 e 16).

Partimos da parte mais baixa do corpo, os pés, que estão ligados ao Elemento Terra. A seguir vêm os órgãos geradores, associados ao Elemento Água. O terceiro centro de energia tem equivalência com o coração e o Elemento Fogo. O quarto, com a laringe e o Elemento Ar. O quinto e o último centro está na testa, e é equivalente ao poder espiritual: é a soma dos Quatro Elementos e dos poderes (ou energias) fundidos juntos.

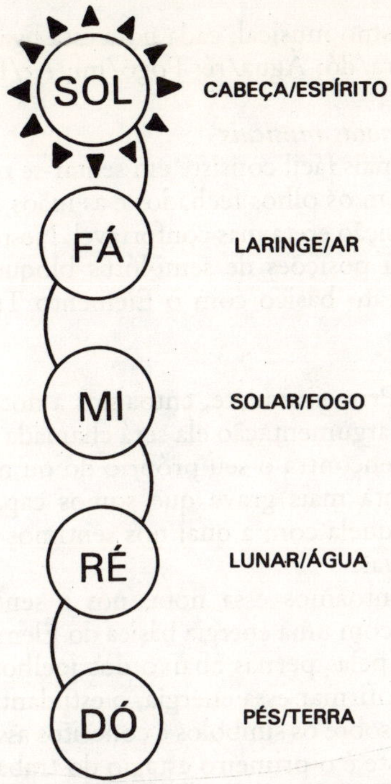

Figura 15 — A música e os centros de energia

Testa: *espírito* (novo ciclo de consciência iluminada)
Laringe: *Ar* (proferimento do som criador primordial)
Coração: *Fogo* (correspondência humana à energia solar)
Genitais: *Água* (correspondência humana à energia lunar)
Pés: *Terra* (poder inicial elementar e fundamento do ser)

Inúmeros outros atributos valiosos podem ser acrescentados para nos ajudar a compreender esses centros de energia. Podemos, por exemplo, visualizar a energia do Elemento Terra ascendendo e entrando por nossos pés, encontrando-se com nossa própria energia geradora e continuando a subir até o coração, onde se inflama como o Sol, purificando nossa corrente sangüínea. A energia então ascende pela laringe, entrando em consonância com nossa respiração; finalmente chega à testa, onde floresce como uma luz interior e uma força radiante que altera radicalmente nossos modos estabelecidos de percepção.

No simbolismo musical, cada nota está ligada a um centro de energia: Terra/dó; Água/ré; Fogo/mi; Ar/fá; Espírito/sol.

Uso básico das notas musicais

O método mais fácil consiste em sentar-se numa cadeira de encosto reto, com os olhos fechados e as mãos e os pés descruzados, numa posição ereta mas confortável. Neste exercício, pernas cruzadas ou posições de semi-lótus bloqueiam o fluxo e rompem o contato básico com o Elemento Terra.

Dó/Terra: Primeiramente, entoamos a nota fundamental. No decorrer da argumentação ela será chamada *dó*, mas na realidade cada um encontra o seu próprio dó ou nota fundamental. Esta é a nota mais grave que somos capazes de atingir naturalmente, aquela com a qual nos sentimos bem depois de algumas tentativas.

Enquanto entoamos essa nota, nós a sentimos vibrar e corresponder-se com uma energia básica do Elemento Terra que flui pelos pés e pelas pernas abaixo dos joelhos (figura 15).

A fim de confirmar essa energia, o estudante deve meditar cuidadosamente sobre os símbolos e conceitos associados ao Elemento Terra. Este é o primeiro estágio do trabalho a ser realizado, e não pode ser ignorado por quem realmente deseja ter sucesso.

O segundo estágio é meditar sobre a Terra como um ciclo de elementos — do mundo da natureza e do nosso próprio corpo físico —, permanecendo atento às energias quase sempre negligenciadas que fluem na matéria física e que existem no âmago da terra e do planeta. Este segundo estágio corresponde à Décima Esfera (Reino) da Árvore da Vida. No primeiro estágio, nós havíamos entoado a nota fundamental (dó), que ressoara através do chão ou Terra em que pisávamos, e havíamos unido tudo isso à Terra Elemental, à categoria Terra. No segundo estágio, ampliamos esse conceito para um ciclo com cada um dos Quatro Elementos — mas todos eles no Reino (ou mundo expresso), formando uma entidade ou padrão energético completo (veja a figura 16): Terra de Terra/Água de Terra/Fogo de Terra/Ar de Terra. Nós proferimos a nota fundamental (dó ou a nossa mais grave nota pessoal) e a sentimos vibrar com as energias despertadas pela meditação.

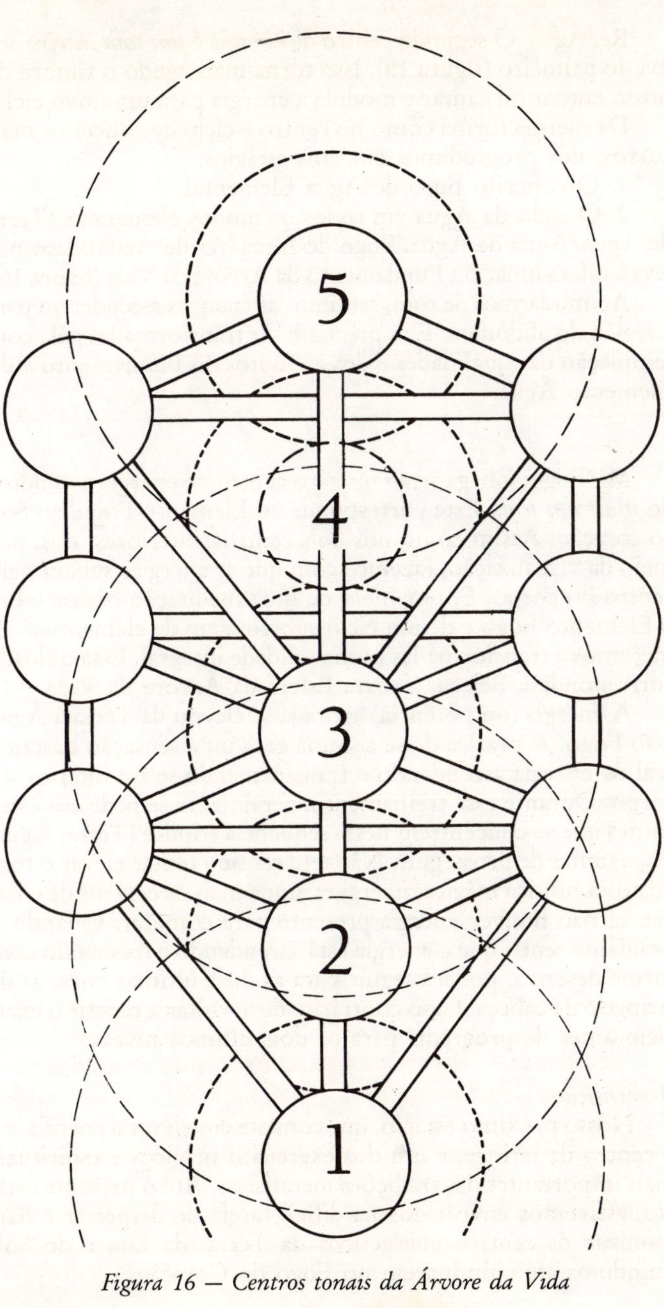

Figura 16 — Centros tonais da Árvore da Vida

Ré/Água: O segundo centro de energia é *um tom inteiro* acima do primeiro (figura 15). Isso torna mais agudo o timbre do nosso entoar ou cantar e modula a energia para um novo ciclo.

Da mesma forma como no centro e ciclo de conceitos mais baixos, nós progredimos em dois estágios:

1. O conceito puro de Água Elemental.
2. O ciclo da Água em todos os modos elementais (Terra de Água/Água de Água/Fogo de Água/Ar de Água). Isso nos leva à esfera lunar ou Fundamento da Árvore da Vida (figura 16).

Ao mudarmos de tom, sentimos as energias ascenderem para a região do abdômen. Elas precisam ser transformadas pela contemplação das qualidades e dos atributos do Fundamento e do Elemento Água.

Mi/Fogo: Chega-se ao terceiro centro de energia ascendendo *mais um tom.* Este corresponde ao Elemento Fogo, ao Sol, ao coração. Assim como nos dois centros anteriores, nós, por meio da visualização, fazemos com que as energias subam pelo centro do corpo. E, por meio de uma meditação básica sobre o Elemento Fogo e de um ciclo subseqüente de elementos, começamos a transformá-las numa unidade integral. Essa unidade corresponde à Beleza, a sexta Esfera da Árvore da Vida.

A energia (ou potência) agora já se elevou da Terra à Água e ao Fogo. A prática desse sistema gera uma sensação bastante real de energia ascendendo e transformando-se no interior do corpo. Durante esse treinamento, geralmente se pede aos estudantes que se concentrem nessa seqüência tríplice (Terra, Água, Fogo) antes de prosseguir. Não tem sentido tentar elevar o tom de nossa música mágica ou erguer ainda mais os centros de energia, se não houver energia presente para começar. Quando o estudante sentir que a energia está ascendendo e ressoando conforme descrito, poderá seguir para as duas últimas fases, as da laringe e da cabeça. Caso contrário, deve voltar a repetir o exercício antes de progredir para os dois últimos níveis.

A transição

Nosso próximo estágio, que consiste em elevar a energia até o centro da laringe, é um dos exercícios mágicos e espirituais mais importantes das tradições metafísicas. Até o presente estágio, estivemos envolvidos na difícil tarefa de despertar e harmonizar os centros energéticos da Terra, da Lua e do Sol, unindo-os até culminarem no Fogo do Coração.

Até aqui, nosso canto de meditação tem sido apenas um eco, um pálido reflexo de uma voz espiritual interior. Se houvermos despertado o Fogo interior corretamente, agora iremos conferir-lhe uma voz efetiva, trazendo-o até a garganta. O centro energético da laringe corresponde ao Abismo e à Ponte na Árvore da Vida; ele une o Conhecido e o Desconhecido por meio de um tênue fio. Em nosso corpo físico, isso talvez corresponda às cordas vocais, mas esotericamente é um centro de energia que vibra e faz sua presença ser sentida na garganta.

Alguns estudantes sentem que a garganta se fecha, e ficam com medo de sufocar, quando isso ocorre pela primeira vez, e muitos dos exercícios básicos de respiração usados no treinamento para meditação são idealizados visando não só à saúde geral do indivíduo, mas também a preparar-nos para o despertar do centro da laringe e do Sopro da Vida.

Fá/Ar: Nossa quarta transição é, portanto, *um semitom*, um pequeno passo de caráter bastante distinto, um intervalo ou mudança que possui conseqüências abrangentes em toda a nossa música, seja ela física ou metafísica.

Primeiro subimos o tom de nosso canto, e meditamos sobre o Elemento Ar em movimento, entrando na laringe e saindo dela.

A seguir, procedemos à rotação pelo ciclo: Terra de Ar/Água de Ar/Fogo de Ar/Ar de Ar.

Durante essa fase, uma nítida mudança no tom vocal é muitas vezes ouvida. É como se a voz passasse a ter vida, adquirindo uma qualidade vibratória que exerce um efeito poderoso não só sobre o meditador, mas também sobre os ouvintes; nossa voz individual é estimulada pelo despertar do centro da laringe, que é nossa imagem microcósmica da Voz da Fonte de todo Ser. Essa mudança na qualidade tonal só pode vir de *dentro*. Nenhum tipo de esforço físico ou treinamento pode consumá-la; é um evento mágico decorrente de um poder espiritual. Pode acontecer rapidamente, ou levar muitos anos; em ambos os casos, os exercícios de som vocal e de centralização podem continuar sendo realizados e aperfeiçoados.

A ativação do centro da laringe torna o efeito do canto mágico mais distinto e imediato. Uma vez despertada a laringe, os sons cantados ou entoados para os outros centros tornam-se transferíveis para o ouvinte, além de agirem com enorme rapidez para o meditador.

Sol/Espírito: O último centro de energia é o da cabeça, e normalmente se diz que está localizado no centro da testa. Em muitos sistemas, particularmente os do Oriente, há sugestão de mais um centro, localizado na parte de trás ou acima da cabeça. Este é mostrado nas imagens cristãs primitivas como o halo ou auréola de luz em torno da cabeça de homens e mulheres santos.

Por questões práticas, vamos concentrar-nos no centro localizado na testa, pois a abertura desse centro de energia é algo consoante com o espiritual representado pelo halo.

Em nossa escala ascendente, a testa é representada pela nota sol. Isso simboliza um novo ciclo de música espiritual, uma vez que é o primeiro passo de um novo aspecto do canto ou entoação ascendente. Como foi mostrado no capítulo 6, as notas dó-ré-mi-fá formam um grupo elemental (Ar, Fogo, Água, Terra), ao passo que a nota sol é o início de um novo ciclo. Ela é, portanto, uma forma mais elevada de Terra, e um novo passo para a consciência transformada.

Na Árvore da Vida típica, essa conexão é indicada por um antigo ensinamento segundo o qual a Coroa, ou copa da Árvore, é idêntica ao Reino (a décima Esfera — a mais baixa — da Árvore), ainda que diferente.

Para elevar nosso canto mágico, que é baseado no proferimento dos Cinco Tons simples, visualizamos as energias convergindo e fluindo para a testa, onde florescerão. As reações a este exercício variam desde uma dor de cabeça até a experiência de uma intensa iluminação. Essa iluminação é o sinal de que o Fogo Interior foi despertado por nosso canto mágico.

A consciência iluminada

A consciência iluminada não é estática; nem é um choque ou um grande prazer. Em nosso contexto de canto ou entoamento mágico, estamos simplesmente reafirmando um corpo de antiqüíssimos ensinamentos tradicionais em linguagem simples e moderna. O uso que se pode fazer dessa consciência ativada irá variar de acordo com a tradição empregada. Ela poderá ser incluída na adoração religiosa (como nos cantos religiosos), ou ser comandada pela estrutura de uma oração ou ritual mágico. Estamos resumindo numa pequena seção um assunto que exigiria um livro inteiro, e que só pode ser ensinado e transmitido de maneira direta e pessoal.

Há, contudo, uma regra clara que irá completar nosso exercício: o canto precisa descer novamente, precisa ser reposicionado.

A maneira mais óbvia de baixar o foco energético é descer cantando os estágios da escala mágica (sol, fá, mi, ré, dó), trazendo finalmente a consciência de volta à sua condição normal. Mas esse processo é sempre cheio de surpresas. Quando puxamos para baixo a energia, nesse caso através do canto, ela atravessa os centros energéticos carregando consigo uma ressonância de energia espiritual extraída dos mundos superiores. Essa energia transforma ou vitaliza cada um dos centros em sua descida, deixando-nos mais vivos, mais aptos, mais atentos. Em outras palavras, *ela modifica o mundo exterior* na forma do nosso complexo corpo/psique.

Isso ocorre principalmente dentro de nós mesmos, mas também pode afetar pessoas, lugares, objetos e outras formas de vida. O canto ou a escala *descendente* carrega para fora a energia interior, ao passo que a escala *ascendente* traz para dentro a consciência externa.

Portanto, o canto mágico ou de meditação movimenta energias entre os modos de consciência (ou Mundos, ou Orbes), havendo pontos de transformação pelo caminho que agem como estações intermediárias[9]. Os pontos principais são a nota ou tom fundamental (dó) e a nota uma quinta acima (sol); estas correspondem aos pés e à cabeça no corpo humano, e à Coroa e ao Reino na Árvore da Vida universal. A Coroa representa o poder originador, ao passo que o Reino representa a expressão. Nós não podemos andar sem o cérebro, nem o cérebro moverse sem os pés. As condições biológicas são um reflexo microcósmico de um estado universal; o espírito é inerente à matéria e nela se consuma.

Esse é o ensinamento mais profundo dos Mistérios ocidentais e, por fim, é o único ensinamento espiritual que sobrevive a todas as transições, mudanças e estados da verdade relevante. Nos Mistérios da Antiguidade era expresso como "Homem, conhece-te a ti mesmo", ao passo que na física moderna aparece como o intercâmbio de matéria e energia nos níveis atômicos e subatômicos.

O fator mediador entre o espírito e a matéria é a humanidade. E nós somos capazes, através daquilo que proferimos vocalmente, de refletir as energias ou Verbos que permeiam e percorrem toda a existência, todos os Orbes ou Mundos.

A aplicação mágica ou espiritual que fazemos de sons modelados e tons selecionados (música) é uma expressão de realidades interiores. Essas expressões em nada destoam das figuras de grande poder espiritual como Cristo ou Buda, e podem ser associadas aos conceitos básicos dos Quatro Elementos. Com intuição, percepção e prática, poderemos atingir um estado de consciência tal que todos os diversos símbolos, poderes, seres e energias se unam e ressonem em harmonia ao serem separados logo depois, mais uma vez.

A música revela esse potencial muito claramente no simples fato de que as diversas notas ou tons podem fundir-se em conjuntos complexos de relações (os acordes), e de que estes por sua vez geram novos padrões para o desenvolvimento básico de outras formas criativas.

Na música européia clássica, isso é conseguido pelo uso de harmonias ou acordes que modificam a ênfase ou o significado das frases melódicas. Nas tradições orais e orientais o mesmo efeito é obtido através dos métodos de aproximação, toque e distanciamento de notas fundamentais ou grupos de notas selecionadas. Esta segunda técnica, bem estabelecida na música étnica ocidental, tanto negra quanto branca, é menos rígida que a abordagem da harmonia clássica. A fusão das duas técnicas seria uma possível música do futuro, na qual o som musical é representado de maneira não-linear. Os mapas circulares ou esféricos usados na metafísica, como aqueles mencionados rapidamente em nossos exemplos e exercícios, constituem uma base exeqüível e funcional para um sistema sincrônico de notação musical.

8

Uma palavra de poder

Um dos aspectos mais mal compreendidos da metafísica e da magia é a "palavra de poder". Como nós a encontramos em todos os sistemas religiosos, metapsicológicos e transformadores da psique, vale bem a pena incluir um exemplo desse tipo de "palavra". O uso de palavras de poder tradicionais é freqüente nas obras alquímicas e herméticas geralmente associadas à religião ortodoxa cristã ou hebraica. Trata-se de uma teoria intuitiva e altamente desenvolvida presente em todo o mundo, e que não é exclusiva de nenhuma religião, dogma ou região geográfica. A palavra de poder é uma propriedade da consciência humana, e está em íntima consonância com o uso da música — tons harmônicos que alteram a consciência — e o conceito amplo de um Verbo original criador (isto é, de uma origem espiritual e desconhecida para toda a existência).

A maioria das palavras de poder não eram ditas ou faladas, mas proferidas lentamente — o que vale dizer que eram musicais. A extensão do tom vocal é equivalente à extensão da energia na criação do Universo, mas expressa-se no mundo humano através da forma limitada da consciência dos homens. Embora o assunto esteja encoberto por mistérios triviais e possa ser facilmente ridicularizado como superstição, nós todos já ouvimos e vivenciamos palavras de poder[1].

Quem pode negar o poder de um grande acorde orquestral? Ou o poder do som de abertura hiperamplificado de uma banda de *rock*? Ou o poder dos sons de motores sendo acelerados? E, no entanto, essas são todas "palavras" acústicas, complexos padrões vibratórios que resultam de poderosos impulsos detonadores impelidos pela vontade sobre o meio das substâncias físicas. Uma outra categoria de "palavras" pode ser encontrada nos sons energéticos da Natureza: o rebentar de uma onda, uma rajada de vento, o estrondo de pedras caindo. Estas não representam palavras isoladas de poder, mas harmônicos dos Quatro Elementos — ou do Verbo do Orbe (Palavra do Mundo) — expressos no Reino externo.

Ensinamentos esotéricos tradicionais sustentam que todos proferimos continuamente um reflexo da grande Palavra ao respirar, absorvendo e expelindo ar para permanecer vivos. Diz-se que a inspiração e a expiração são o nosso harmônico do grande Sopro, cujo poder originador expande e contrai de acordo com ciclos que estão além de nossa limitada compreensão. Na física moderna, estamos começando a formular teorias sobre esses ciclos — que, entretanto, foram apreendidos por intuição ou cognição metafísica há milhares de anos e registrados nos escritos sagrados do Oriente e do Ocidente[2].

O leitor que desejar trabalhar apenas com os ciclos e esquemas musicais do experimento principal não precisa se preocupar com a teoria da palavra de poder; mas para aqueles que desejam examinar, ou talvez adentrar, este estágio mais avançado da metafísica musical, a Palavra do nosso exemplo é simples e representa uma ressonância primordial inerente à consciência humana.

Nós sabemos, pelos primeiros padres da Igreja, que o povo daquela época — camponeses pagãos que eles buscavam transformar em cristãos — proferia ululações (ou brados de júbilo) que eram sons vocálicos prolongados num padrão musical. Essas manifestações vocais ainda hoje são parte das canções folclóricas, embora no Ocidente tendam a ser abreviadas e atenuadas. Os sons vocálicos desse tipo — livres, expressivos e altamente comunicativos — são palavras básicas de poder. Elas surgem na liturgia, onde foram desenvolvidas e disciplinadas pela fusão com textos sacros aprovados: o resultado foi o cantochão. Tais práticas, contudo, não surgiram num vácuo, e indubitavelmente provêm não só das canções do povo, mas também do uso ritualístico das grandes filosofias pagãs.

Toda palavra possui um significado especial; não é apenas um proferimento modulado que surge por impulso. Ela pode ser repetida em muitos níveis diferentes de uso e significado, todos eles harmônicos com o seu conceito central. As palavras de poder são exemplos altamente concentrados desse processo.

Outras evoluções dos tons vocais e das palavras de poder

O leitor logo perceberá que os tons vocais, os centros de energia, os Apelos elementais e as palavras de poder estão todos inter-relacionados, ainda que tenham sido separados a fim de facilitar a compreensão deste texto. Como já foi dito repetidamente nos outros capítulos, o processo inteiro precisa ser aprendido e desenvolvido em estágios simples; ele não pode ser assimilado intelectualmente para depois ser posto em prática.

Encontramos o mesmo problema na música artística, sobre a qual as pessoas são capazes de falar superficialmente sem chegar efetivamente a tocar uma só nota musical. Para o músico, talvez leve anos até que a *integridade* da música possa ser transmitida por seu instrumento ou técnica particular. Na metafísica musical, é melhor realizar com eficácia os experimentos básicos do que enfrentar debilmente tons ou músicas e palavras interiores mais complexos.

Existem alguns métodos específicos para combinar tons vocais, padrões instrumentais de harmônicos e a tradicional teoria da palavra de poder. Eles foram indicados muitas vezes nos exemplos e no texto, mas um estudo mais a fundo de sua aplicação terá que ser deixado para um livro futuro.

O antigo conceito de "palavra de poder" está intimamente relacionado com o centro da laringe e com o proferimento energizado de sons. Nenhum sistema mágico ou de esclarecimento do espírito verdadeiro pode jamais dizer que possui "palavras de poder" que sejam superiores, arcanas ou de alguma maneira melhores que as de outra religião, seita ou crença. Qualquer insinuação desse tipo provém de ignorância, credulidade ou mesmo desinformação intencional. O que se encontra no seio de sistemas transformadores genuínos (ou Mistérios) são os meios de ativar, energizar e transmitir Palavras ou Nomes tradicionais de modo a trazer à luz seu significado espiritual intrínseco mas geralmente inativo. Boa parte desse significado provém da experiência iniciatória ou da contemplação e da compreensão interior, mas o *proferimento vocal* é uma rara e distinta habilidade, que depende da ativação do centro da laringe.

Se tomarmos um exemplo, o de uma palavra tradicional de poder conhecida sob muitas formas em todo o mundo, poderemos demonstrar melhor a teoria e a prática. E se essa palavra for ainda ativada por uma ressonância musical ou tonal, poderá tornar-se um veículo ou símbolo sônico extremamente potente.

Essa palavra é um Nome antigo, a grande fonte de todo Ser, a *Mãe Abissal* ou o *Profundo Materno*. No Ocidente, é o nome da Deusa primordial e foi incorporado ao conceito cristão da Virgem. No Oriente, é a ressonância usada para definir o Vazio além do Universo manifestado. A palavra é AMA. Nesta primeira forma, a primeira de Três, ela se refere às Trevas do Profundo Materno, ou seja, ao Oceano Primordial. Ela não é meramente falada, mas cantada num longo entoamento ressonante, e é particularmente poderosa para abrir os dois centros de energia da Terra e da Lua, os nossos dois primeiros centros, que correspondem aos pés e aos órgãos genitais.

Ao praticarmos com as quatro notas do sistema básico de centros de energia, este nome pode ser acrescentado ao entoamento com grande efeito.

O nome não é um mero atributo intelectual ou uma palavra derivada da tradição, destituída de um rico significado interior. Em termos simples (mas não ignorantes nem triviais), podemos reconhecê-lo como o tipo de som proferido pelas crianças para sua mãe — não sendo esse, porém, um mero rótulo psicológico para a origem da Palavra. É um fenômeno maravilhoso e misterioso expresso em miríades de vozes. Se nos dermos ao trabalho de separar a Palavra em suas Três Letras, poderemos nos aprofundar mais nela.

A é um som de *abertura*. Carrega consigo o Sopro Primordial e o primeiro som proferido. Metafisicamente, é nosso equivalente mais próximo dos primeiros dois estágios do proferimento divino: o Sopro e o Som que geraram todos os Entes. É um som aberto, uma das vogais que tornam a linguagem significativa — vogais estas que são tradicionalmente equivalentes ao Espírito (Sopro) em todos os alfabetos mágicos.

M é um som ressonante de *transposição* ou *transporte*. Se o primeiro som de abertura for mantido, mas com os lábios fechados, torna-se um zumbido murmurante. O formato da letra é um glifo que nos lembra uma Onda; é a vibração universal que sumariza todos os sons individualizados numa única ressonância abrangente.

Portanto, as duas primeiras letras, A + M, significam que o proferimento primordial foi transmitido do Desconhecido para o Conhecido, por um poder mediador. Em linguagem simples, é o Espírito que paira sobre a face do Profundo[3].

Nossa terceira letra é o *A* repetido, representando a abertura do poder interior, do Desconhecido, através de uma onda, para o Conhecido. O primeiro *A* é *originador*, o *M* é *mediador* e o segundo *A* é *criador*. É o espírito aparecendo num novo mundo. Podemos mostrar isso num glifo simples (figura 17). Significativamente, a Palavra AMA pode ser pronunciada em qualquer direção: do Desconhecido para o Conhecido, ou do Conhecido para o Desconhecido. O som que serve de ponte, o *M*, flui em qualquer direção. Para nós, ele age como uma ressonância que sintoniza nossa consciência à realidade interior, ao passo que para a fonte da criação ele age como um meio através do qual a energia flui para fora para gerar o mundo externo e, por fim, os mundos materiais.

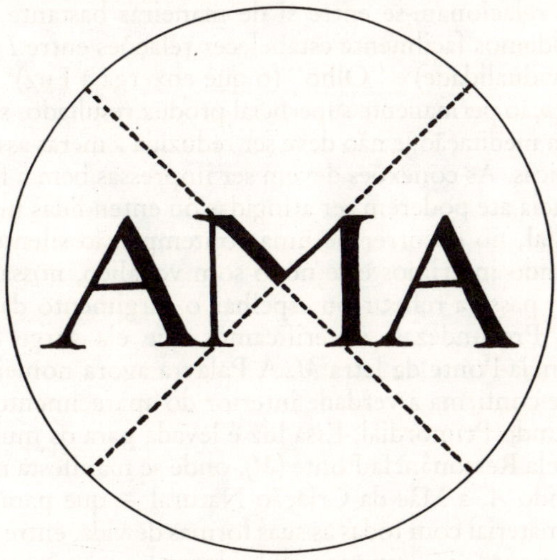

Figura 17 — Uma palavra tonal universal

A Palavra, como descobrimos, é o equivalente mágico do Espírito pairando sobre a face do Profundo — pairando numa dimensão que nos parece sem luz. São as Trevas do Materno Primordial.

Essa palavra, portanto, entrará em consonância com os dois centros de energia inferiores, que são da natureza da Terra e da Água. Se for proferida com o centro da laringe ativado, ela pode não só estimular e vivificar os nossos próprios centros — que também são vivificados através de nossa imaginação e disciplina —, como ressoar nos centros de outras pessoas. Sua ressonância alcança ainda os mundos metafísicos e pode ser ouvida em muitas dimensões diferentes.

Para levarmos adiante essa Palavra, precisamos examinar o segundo aspecto do nome, ao qual acrescentamos mais uma letra. Com isso nós simbolizamos a Mãe Escura Preenchida com Luz, e a sua Palavra é proferida inserindo-se um *I*. O resultado é o nome AIMA.

O efeito dessa nova vogal é considerável; ela representa a *Luz* ou, no mundo elemental, o *Fogo*. Enquanto glifo, a letra *I* representa a vara, o bastão, o implemento mágico de poder, a linha reta, a polaridade masculina. Há ainda um elemento paronomástico, pois no simbolismo mágico as palavras freqüentemente relacionam-se entre si de maneiras bastante complexas [4]. Podemos facilmente estabelecer relações entre *I* (a letra), *I* (a individualidade) e "Olho" (o que enxerga a Luz)*. Esse tipo de ligação permanente superficial produz resultados surpreendentes na meditação, e não deve ser reduzida a meras associações psicológicas. As conexões devem ser impressas bem a fundo na consciência até poderem ser atingidas ou entendidas num nível primordial, no decorrer de uma contemplação silente.

Quando inserimos esse novo som vocálico, nossa Palavra ou canto passa a refletir ou espelhar o surgimento da Luz no seio das Profundezas, e verificamos que ela surge *antes* da Ressonância-Ponte da letra *M*. A Palavra agora nomeia a Mãe Escura, e confirma a verdade interior do aparecimento da Luz no Profundo Primordial. Essa luz é levada para os mundos externos pela Ressonância-Ponte (*M*), onde se manifesta na forma do segundo *A*, a Mãe da Criação Natural — que para nós é o mundo material com todas as suas formas de vida, entre as quais, evidentemente, nós estamos incluídos.

Não nos preocupamos, por ora, com as formas assumidas por esse simbolismo em outros mundos, pois estamos lidando exclusivamente com o efeito ressonante de palavras mágicas e musicais sobre os centros humanos de energia[5].

Como este segundo aspecto do Nome possui agora o elemento de Luz e de Fogo em si, corresponde ao nosso terceiro centro de energia, o do coração. Assim, ao subirmos de tom para sintonizar outros centros, também inserimos em nosso canto a vogal magicamente carregada: AMA/AIMA.

---

* *Em inglês, o pronome* "I" *("eu", em português) e a palavra* "eye" *("olho") têm exatamente o mesmo som (N. do T.)*

O terceiro aspecto do Nome é uma forma utilizada como palavra de poder em todo o mundo nas práticas religiosas, meditativas ou mágicas do Oriente e do Ocidente. Ele consiste em fechar ou concluir a ressonância do segundo *A* com um zumbido murmurante final, representado pela nossa letra *N*. Isso nos dá AIMAN, mas é geralmente pronunciado AMEN ou AUMEN[6].

O segundo som murmurante, o *N*, é mais fino e aguçado que o *M* da Ponte, e alguns rápidos experimentos provarão que ele empurra o som para cima até o nariz, produzindo efetivamente uma ressonância no interior das narinas e nas cavidades nasais superiores. Essa região é indicada como o centro de energia da testa, e a ressonância física da letra *N* (como uma nota cantada para fora) é um prenúncio do despertar desse centro de energia.

AMEN é tradicionalmente a palavra mágica de conclusão, usada no cristianismo ortodoxo com o significado de apenas "assim seja", ou como sinal de pontuação nas orações coletivas. Mas na sua acepção esotérica é a palavra de Paz, de poder equilibrado.

O *N* final simboliza (e estimula) nosso entendimento da criação, ingressando numa dimensão inteiramente nova por meio de um poder equilibrante que congrega todas as energias numa união pacífica. No despertar do Fogo Interior, significa a abertura de um centro mais elevado, um centro em sintonia com os modos misteriosos mais acessíveis, de uma consciência superior mais desenvolvida[7].

9

Sons vocálicos e música

Em nossos exercícios básicos e na construção do Espelho Musical, entoamos os vários tons ou timbres que constituem a música da psique elemental. Podemos agora abordar rapidamente uma teoria antiga e importante: a da relação dos sons vocálicos com a magia e a psicologia espiritual. Antes de abordar o material desta seção, é essencial conhecer e praticar os exercícios precedentes. Mas ambas as técnicas são igualmente importantes, e o uso dos sons vocálicos não é "mais avançado" ou "mais importante" que a ressonância ou trautear primordial.

O entoar trauteado, uma emissão do som primordial que nos *aproxima* do Sopro Primeiro (como no capítulo 8), é feito com a boca fechada. Abrir a boca e emitir sons vocálicos é, portanto, uma evolução na expressão humana. Embora superficialmente isso possa parecer óbvio, as ressonâncias básicas *abertas* e *fechadas* da voz são as raízes da expressão vocal das energias internas — que abrangem desde as emoções constitutivas da primeira infância à utilização sofisticada da fala intelectualizada.

As regras básicas do som, da música e da psique elemental que se harmonizam com uma consciência transpessoal são tão simples e diretas que acabaram por ser ignoradas ou esquecidas neste século. Assim como a ubíqua Pedra Filosofal, tornaram-se lugares-comuns a que normalmente não se atribui nenhum valor, enquanto inquiridores curiosos iludem-se com um espúrio "poder oculto" correndo sempre atrás de segredos, e os psicólogos perdem-se pelo caminho com rotulações e transformismos obsessivos. Na sabedoria encantada dos celtas, um dos grandes segredos que se revelava a um normal era que os seres humanos insensatamente jogam fora a água na qual fervem seus ovos. Poderíamos sugerir que essa água é a psique elemental (ou primordial) dos modelos apresentados aqui — mas de maneira alguma restrita a eles, que são modelos de crescimento abertos e em espiral. Nós, modernos, dedicamos tanto tempo aos produtos finais da consciência, os ovos, que jogamos fora o mais importante, a água na qual os fervemos.

No segredo sonoro, essa água é o som sussurrante, a ponte de ligação, a consciência solvente que leva Ondas de mundos a mundos.

A consciência que usa a música em operações interiores ou metafísicas é uma consciência ao mesmo tempo primordial, simplista e transcendente. Embora modelos e sistemas abertos sejam tradicionalmente utilizados para revelar indícios dessa consciência e de seus efeitos, eles são meros indicadores; assim como a música não pode ser ensinada através de livros que falem de música, também a metafísica ou a magia não podem ser ensinadas por sistemas, mapas ou alfabetos expressos. Tanto na música como na magia, entretanto, as analogias (seja o livro didático ou o sistema simbólico) podem oferecer um ponto de apoio à mente que anseia por inquirir sobre a verdadeira natureza desse método — que só pode ser *exercido* ou *praticado*, e nunca *aprendido*.

Ao incluir em nosso modelo musical o uso das vogais, devemos voltar à afirmação básica de que a emissão humana de certos tons ou sons é um reflexo direto da emissão cósmica universal que criou os estados de ser, os Mundos e o consenso físico e metafísico. Essa qualidade (que é reflexiva e harmônica) permeia todos os experimentos com a consciência, e é indissociável deles — daí muitas das tolices acerca da magia e de seus perigos intrínsecos. Em nosso contexto musical, nós estamos criando um espelho elemental de tons, timbres e formas diretamente harmonizadas pelos modos de consciência da psique humana e por energias presentes no Universo maior.

As vogais são o cerne da comunicação verbal e, como tal, eram reconhecidas e respeitadas em termos espirituais pelas primeiras culturas. Em alguns alfabetos altamente refinados, como o do misticismo hebreu, as vogais são sagradas; são as potências tonais da divindade e, num sentido, são aspectos diretos dessa divindade. No sistema panteísta, as vogais são não só poderes arquetípicos, como também deuses e deusas num estado mais simples e primordial, anterior a uma manifestação mais tipificada.

As consoantes agem como interseções entre as vogais, constituindo o arcabouço sobre o qual ordens progressivamente mais complexas de manifestação podem se desenvolver. Isso é verdade em nível verbal e em nível transcendental. Os Nomes de Poder (ou de divindades) são ciclos, isto é, rotações de vogais de grande intensidade de vibração unidas a consoantes específicas. Ao aplicar hoje esse conceito, não precisamos ser misteriosos, manter segredos ou adotar uma postura religiosa sobre a natureza das vogais; atitudes como essas não têm valor algum a menos que reflitam uma cognição e uma certeza interiores. Como conceitos intelectuais elitistas, as teorias que foram publicadas sobre Palavras, Vogais e Nomes correm o risco de tornar-se o inverso de seus equivalentes espirituais: teorias vazias, sem espírito vivificante.

Tradicionalmente, atribui-se uma vogal a cada Elemento e aos seus atributos (ou harmônicos cíclicos) nos Quatro Quadrantes. Para nossas finalidades, basta reconhecermos que as vogais são inegavelmente o cerne e a substância do proferimento sonoro. Se alguém tiver dúvidas quanto a isso, que dedique alguns minutos a tentar pronunciar consoantes sem vogais; é simplesmente impossível. As consoantes não podem ser proferidas sem as vogais, mas as vogais podem ser proferidas sem as consoantes.

No Sistema Elemental, uma vogal é usada para indicar e representar uma Qualidade (como Ar, Fogo, Água ou Terra), independentemente de como essa Qualidade se manifeste nos diversos mundos. Esse ciclo ou espiral pode ser encontrado também em diagramas, glifos e mandalas em qualquer parte do mundo. Ele reflete uma propriedade ou expressão da consciência humana que se harmoniza e relaciona com a consciência maior ou Universo.

Dando mais ênfase ao uso de uma vogal para cada Quadrante, não estamos meramente seguindo um costume religioso ortodoxo ou algum ensinamento oculto; estamos indo diretamente à fonte da consciência de onde tais usos e ensinamentos provêm. Essa fonte é nada menos que a intuição e a meditação coletiva e individual sobre as vogais e as raízes da comunicação que passam pelos Elementos. Tais meditações são extremamente gratificantes e produtivas por si mesmas, tremendamente benéficas na aplicação prática das teorias musicais/metafísicas esboçadas neste livro.

Na música, estamos preocupados, acima de tudo, com a aplicação prática à psique humana dos sons controlados. Para tanto, podemos proceder diretamente à atribuição de vogais aos elementos, sem gastar muito tempo discutindo derivações filosóficas. É a ressonância física em si que detona as mudanças na consciência. Nunca é demais ressaltar isso; quase todo o resto é mera verborragia ou obscuridade deliberada da parte dos autores, desejosos de manter uma superioridade ortodoxa no seio de alguma religião, Igreja ou organização esotérica. O que se exige do indivíduo é que se dedique a trabalhar com os símbolos e siga algumas simples disciplinas básicas. Para aquele que for capaz disso, a magia musical, a metafísica e o segredo do som adquirirão vida.

Passando inteiramente ao largo das pesquisas lingüísticas e acadêmicas, podemos proceder a uma alocação prática das vogais a serem usadas no canto ou proferimento tonal. Verificou-se que o ciclo abaixo é bastante eficaz:

Ar:	som	vocálico	*I*
Fogo:	som	vocálico	*AI*
Água:	som	vocálico	*O*
Terra:	som	vocálico	*A*
Unidade:	som	vocálico	*U**

O último som vocálico, *U*, é a síntese dos Quatro Elementos, e expressa unidade, verdade ou Espírito.

A elaboração posterior das vogais em símbolos *visuais* é uma questão mágica de enorme importância e da qual não poderemos tratar aqui. Outros atributos podem ser encontrados no apêndice "Os Quatro Elementos".

A simplicidade é tudo: o uso direto das vogais é de valor muito maior do que as comparações e as origens históricas. Se nos deixarmos arrefecer por discussões ou estruturas intelectuais, o poder primordial se dissipará, quando é justamente esse poder ou energia primordial que precisamos reintegrar em nós.

---

* *No original inglês, as equivalências são as seguintes:*

— O Ar está associado à vogal E, *cujo som, todavia, é "ee", como em* "bee" *(pronunciado "bi").*

— O Fogo está associado à vogal I, *mas com um som chamado "i longo" (como em* "ice", *cujo equivalente em português seria o ditongo "ai").*

— O som da vogal O *associado à Água é "o longo" (isto é, quase o ditongo "ou").*

— O som da Terra é a vogal A *pronunciada bem aberta.*

— E o U *da Unidade é idêntico ao* U *em português, como na palavra* música. *Nesta tradução, associei a vogal* I *ao Elemento Ar, por ser este o som designado pelo autor. E, por uma questão de ordem prática, associarei daqui para frente o Fogo à vogal* E, *embora se deva ter sempre em mente que ela representa o som* AI, *como na palavra* "pai". *Vale lembrar ainda que outros sistemas associam outras vogais aos Elementos. Stephen Skinner, por exemplo, associa os sons* O *e* U *a Capricórnio e a Touro — à Terra, portanto. E associa também o* aleph *semi-vocálico do alfabeto hebraico ao Elemento Ar. (N. do T.)*

As vogais são uma expressão inevitável de nossa entidade psicobiológica através do som. Mesmo nosso entendimento do timbre dos instrumentos se expressa em termos ligados à voz (vogais) ou, mais confusamente, às cores.

O uso das vogais

Na prática, uma vogal representa e profere um Elemento. Desse primeiro estágio desenvolve-se o uso das vogais como poderosos focos ou matrizes concentradas para todo e qualquer atributo de cada Quadrante. Esses atributos são sugeridos no apêndice 4.

Quando aplicamos as vogais aos tons elementais da música, toda a relação começa a adquirir vida. Os harmônicos (ou atributos mágicos) são muito mais poderosos do que o conceito moderno de "paronomásia" ou de "livre associação". Os amálgamas da consciência (ou outros grupos de símbolos correlatos) são impessoais e altamente carregados com energia potencial para a transformação e vitalização da psique individual ou coletiva. Daí as tolas superstições que envolvem as palavras de poder.

Os passos fundamentais para o uso das vogais são os seguintes:

1. Adquirir alguma experiência em associar as vogais aos Elementos. Isso pode ser feito procedendo-se à rotação dos conceitos elementais num tom ou nota constante, alterando-se as vogais a cada ciclo dos Elementos (isto é, *cantar* I/E/O/A/U *hum*. Ar/Fogo/Água/Terra/Espírito/*consciência* são simbolizados e vitalizados por esta seqüência).
2. Retornar os Apelos Elementais apresentados no experimento de construção do Espelho Musical. Cada um deles pode ser entoado ou cantado com a vogal apropriada. O Apelo ao Ar (dó-fá-ré-mi) seria portanto proferido com um som de *I*, o de Fogo com um som de *E*, o de Água com um som de *O* e o de Terra com um som de *A*. Esses sons devem ser suaves, prolongados e contínuos, e jamais quebrados ou segmentados.

Um dos métodos mais antigos desse tipo de canto é o da elisão, que consiste em unir suave e homogeneamente as notas musicais, subindo e descendo os intervalos no sentido plenamente "cromático". É algo que raramente acontece na música artística ou comercial moderna, mas que pode ser encontrado em alguns estilos ornamentais da música étnica de todo o mundo. Metafisicamente falando, é o espectro integral entre cada nota definida que sustenta a energia, ao passo que as notas por si só (dó, ré, mi, fá, etc.) são meros pontos de definição. À medida que a música foi se tornando cada vez mais formalizada e rígida, essa antiga técnica mágica foi sendo restringida, até que eventualmente deixou por inteiro de ter uso comum. Se esse curioso método de cantar for estranho ou difícil demais para a mente e a voz modernas poderemos usar as notas básicas individualizadas com um efeito praticamente igual — e, conforme as circunstâncias (por exemplo, qualidades tonais, contornos melódicos ou harmonias específicas), com um efeito ainda maior.

Os apelos Elementais podem ser consideravelmente intensificados pela incorporação (ou inspiração) de vogais; as vogais causam uma profunda reação física e psíquica em nosso organismo, embora geralmente não estejamos cientes desse efeito. Mas se empregarmos os exercícios e os conceitos musicais da musicologia hermética, descobriremos meios de incrementar a consciência que temos do efeito da música sobre nossa entidade.

E se acrescentamos uma elaboração de símbolos controlados (os atributos dos Quadrantes Elementais) e um uso da imaginação submetida à vontade, as reações orgânicas e psíquicas serão ainda mais amplificadas.

A música de uma psique elemental (a música mágica ou metafísica) possui, portanto, três aspectos distintos de emissão ou proferimento sônico:

1. Os tons musicais (pontos ou níveis definidos de vibração tonal).
2. As formas ou contornos musicais (inter-relações definidas entre vibrações selecionadas de freqüências distintas).
3. As vogais musicais (expressões primárias definidas da consciência enquanto *qualidades* tonais e não *quantidades* de vibrações).

Tudo isso, incidentalmente, é encontrado no som murmurante ou trauteante primordial, na emissão sônica do princípio.

Após algum trabalho, conseguimos reduzir longas e enfadonhas listas e séries de correspondências simbólicas a um pequeno número de Apelos musicais ou glifos sônicos. Estes agem com extrema rapidez no tempo serial, pois expressam uma consciência que de outra forma acabaria embotada por infindáveis atributos literários — a ruína do "ocultismo" dos séculos XIX e XX.

Um meditador, um mago ou um terapeuta tonal ativo não deve, na realidade, pensar em termos de "correspondência", exceto nos estágios mais elementares de seu treinamento introdutório. Afinal, ele pode emitir sons concentrados que *por si* geram e intensificam todos os atributos ao manifestar sua fonte e poder originais. Esse poder inicial, expresso no Quádruplo Modelo unificado em espiral, causa mudanças no mundo externo — primeiramente na consciência e no corpo da pessoa que entoa ou toca os sons, e a seguir nos ouvintes ou nas outras entidades ou objetos que podem ressoar com as vibrações emitidas.

O uso dos poderes e energias primordiais é algo bastante estranho para a mente moderna, tão fortemente condicionada a pensar que qualquer todo é sempre constituído apenas pela agregação de muitas partes — sejam elas peças de carros ou partículas atômicas. Nos modos alternativos de consciência, expressos pela magia e metafísica da Antiguidade, as partes são meras representações hologrâmicas de uma série decrescente de todos. Ou, inversamente, as partes são o ciclo involutivo de uma unidade que existe numa ordem ou realidade mais elevada. Em última análise, todas as partes perfazem um só todo.

Em nossa obra musical, que trata do segredo do som, a consciência humana aproxima-se da integridade através de algumas emissões musicais extremamente simples: os rudimentos mais básicos da escala musical e seu ciclo de harmônicos. Por esse meio, toda a criação em espiral pode entrar em consonância com uma nota, ou quatro formas, e adquirir voz através de alguns sons vocálicos.

Apêndice 1

Uma dieta musical

Seguem-se algumas notas gerais sobre a música e os estados alterados de consciência:

1. *Ser sempre seletivo com a música que escutamos.* Não devemos simplesmente aceitar o que é gerado pela televisão, pelo rádio ou pelos sistemas de som instalados em nossa casa, trabalho ou local de encontro social. Esse tipo de escolha torna-se cada vez mais difícil na sociedade moderna, mas não devemos temer ser inconvenientes caso seja preciso: se a música num restaurante ou numa loja estiver alta demais, é justo pedir aos funcionários que a abaixem. A maioria das pessoas simplesmente aceita a poluição musical, sem jamais pensar em tentar controlá-la. É essencial não sucumbirmos a essa atitude.

2. *A consciência musical começa em casa.* Não devemos ligar o rádio ou a televisão para "fazer companhia". Um verdadeiro contato com a música só é estabelecido quando dedicamos a ela toda a nossa atenção — do contrário é melhor não ouvir nada. Quase tudo o que sai dos meios de comunicação de massa age sobre nossa consciência porque não sabemos escutar verdadeiramente. Um período sem música deve ser considerado da mesma forma que uma mudança de dieta ou um jejum salutar: seu objetivo é eliminar os venenos do sistema. E quando conseguimos realizá-lo, sentimo-nos mais aptos, mais atentos e mais radiantes.

3. *Evitar a música muito alta,* particularmente em concertos de *rock* e de música popular ou em discotecas. Essa regra deve ser aplicada também às músicas tocadas em casa ou em reuniões sociais. Se a música estiver alta demais e não houver como controlá-la, sempre podemos nos retirar para algum lugar onde ela seja menos ouvida. O volume do som em si funciona como uma droga, ativando nossos centros de energia de maneira deturpada e malsã (mesmo a medicina já mostrou que certas

combinações de ritmo, luzes e baixas freqüências produzem desequilíbrio mental, doenças físicas e, em casos extremos, convulsões). Após um período de "jejum musical", ficaremos perplexos com o poder e o vigor da música orquestral, ao mesmo tempo em que nos nausearemos numa boate agitada. Não é uma questão de esnobismo ou de elitismo, mas de mecânica, biologia e psicologia. Com toda a justiça, vale acrescentar que certas formas musicais clássicas e de vanguarda também podem ser extremamente deprimentes e doentias[1].

4. *Adquirir gosto pela música primordial.* De início, isso pode ser difícil, particularmente se estivermos condicionados à música comercial ou estritamente à música clássica. Há diversas gravações incluídas na discografia deste livro, e elas podem ser o começo de uma exploração maior no campo da música primordial. Ressaltamos mais uma vez que a música primordial ativa certas regiões primordiais de nossa consciência, e que não podemos esperar apreciar verdadeiramente a magia da música se não estivermos em contato com essas áreas vitais em nós mesmos.

5. *Cantar ou entoar para si.* Há não muito tempo atrás, as pessoas tinham o costume de cantar. Hoje nós praticamente não cantamos mais, a menos que para copiar alguma canção das paradas de sucesso. Não devemos nos deixar desanimar por qualquer temor subjetivo de que nosso canto não seja "bom". É o ato de fazer sons musicais com a voz que é importante, não um concerto público. Cantar e entoar podem ser associados à meditação, conforme dissemos em nossos exercícios, ou podem fazer parte somente do esforço diário de usar musicalmente a voz. Ambas as possibilidades são igualmente importantes para nossa saúde musical.

6. *Usar a própria voz; não devemos imitar as idiossincrasias alheias.* Um hábito muito difundido hoje é imitar o estilo das músicas comerciais. Para evitar isso, devemos nos preparar e nos dispor a usar nossa voz natural, pois esse é o nosso melhor som. Em alguns de nós o hábito de cantar em entonações bizarras está profundamente arraigado, e o uso de um gravador cassete pode ser um corretivo bastante útil.

7. *Tentar aprender a tocar um instrumento musical.* Novamente aqui, a profissionalização é irrelevante, pois é o ato de fazer música que possui significação mágica ou espiritual, e não as opiniões ou os padrões correntes da música.

Em vez de meramente efetuar os exercícios ou interpretar peças simples, podemos ficar tocando e repetindo várias vezes uma única nota, ouvindo o instrumento com total atenção para descortinar cada som individualizado que ele produz. De acordo com as tradições metafísicas, cada vez que fazemos uma nota soar estamos espelhando a criação do universo.

8. *Dedicar um período do dia ao silêncio absoluto.* Este é um tipo importantíssimo de meditação, e não precisa levar mais do que dez ou quinze minutos. O hábito regular de dedicar um período ao silêncio todos os dias tem a capacidade de transformar o modo como reagimos a todos os tipos de música num espaço de tempo relativamente curto (cerca de um mês).

9. *Escutar música em circunstâncias de meditação.* Numa sala em que não sejamos perturbados, sentamo-nos com os olhos fechados e colocamos para tocar um disco ou uma fita. Veremos que alguns tipos de música têm um poderoso efeito interno sobre nós, enquanto outros, que parecem superficialmente atraentes nas festas ou encontros sociais compulsivos, surtem pouco ou nenhum efeito, e podem ser até antagônicos à mente e ao corpo tranqüilos.

Apêndice 2

Música européia antiga

A pobreza atual de nossa música decorre de uma falácia: a suposição de que a música foi evoluindo através dos séculos e de que continuará a progredir futuro adentro. Essa falácia equivale a associar música à tecnologia, e não à humanidade, como se máquinas melhores fizessem de nós melhores ocupantes do planeta Terra.

É certo e inegável que a música se transformou, e bastante radicalmente, desde os dias da Grécia clássica. Mas temos uma exagerada propensão a supor que nossa música é mais complexa que a dos antigos. Entretanto, o panorama verdadeiro é de ciclos ou espirais, um quadro muito semelhante ao das próprias vibrações musicais que se expandem eternamente — exceto na música artística européia, que artificialmente as contém em círculos.

Ao escutarmos gravações de música tradicional, somos imediatamente remetidos a uma música de extraordinária complexidade — seja no estilo ou ritmo, seja no tipo e na qualidade dos modos e escalas empregado. Tamanha sutileza contraria frontalmente a maioria das teorias publicadas sobre a evolução da música, nas quais a música folclórica é geralmente apresentada como rústica e primária, ou talvez como uma cópia grosseira da música litúrgica ou de outros estilos musicais. Infelizmente, os musicólogos ou músicos clássicos, raríssimas vezes escutam a música européia tradicional; alguns chegam a buscar inspiração no Oriente, incapazes que são de encontrar sutilezas em sua própria terra. Assim como a pedra dos alquimistas, a música tradicional é uma fonte de inestimável riqueza presente em toda parte, mas ignorada por quase todos.

A música das culturas ocidentais da Antiguidade não deve, portanto, ser considerada algo inferior simplesmente porque o tempo a separa de nós e tendemos a associar tempo transcorrido com evolução.

Os gregos fizeram algumas observações bastante elucidativas sobre a música, que indicavam possuir certos poderes bem definidos sobre a consciência. Entretanto, essas observações chegaram de forma adulterada até nós. Se as aplicarmos na prática e verificarmos que elas não têm sentido, tenderemos a desprezar as teorias antigas como algo irrelevante — seja por causa de uma suposta evolução ou simplesmente por considerarmos ignorantes aqueles que as originaram.

Há algumas afirmações clássicas famosas sobre a música que merecem ser consideradas rapidamente no contexto dos estados alterados de consciência.

Embora nossa própria consciência tenha se materializado e externalizado em certas direções mecanicistas coletivas (dissimuladas como individualismo), continuamos tendo dentro de nós as mesmas sementes de um estado de vigília cognitiva e perceptiva que as culturas antigas também desprezavam. Para testar essa teoria, devemos descobrir se os experimentos ou comentários musicais da Antiguidade acerca da consciência ainda são eficazes atualmente. Mas não devemos esperar que seu efeito possa ser imediatamente aplicado a nossa vida cotidiana externa, tão diferente da de nossos ancestrais. Como foi mencionado em outro capítulo, não devemos imitar o passado, e sim trazer o melhor do passado para o presente, preparando-nos para uma transformação que nos leve ao futuro.

A música possui uma tendência a concentrar-se em certas reiterações, padrões, esquemas e relações. Assim, talvez acabemos por constatar que a música do futuro é um novo ciclo da música do passado — uma oitava mais elevada na espiral da consciência temporal e do som.

1. **Platão.** *A República*, III. É a origem de muitas idéias repetidas desde então sobre a música na educação ou o correto desenvolvimento da cultura. Certos modos, ritmos e até instrumentos foram banidos por Platão, enquanto outros lhe eram aceitáveis. Discernia uns dos outros pelos efeitos sobre o ouvinte. Independentemente dos modos específicos citados, sua teoria ainda tem grande validade. Nós sabemos que a música na infância possui efeitos duradouros sobre o desenvolvimento da psique; e o efeito da música sobre as multidões é tão conhecido hoje quanto era nas culturas do passado.

2. **Aristóteles.** *Política*, VIII. A música está presente na educação para a virtude, o lazer e o entretenimento do intelecto. Aristóteles repete a teoria de que a música afeta o caráter do ser humano, sugerindo que certos modos e instrumentos deveriam ser proibidos.

3. **Santo Agostinho.** *Confissões*, X, 33. Reconhece que os "afetos de nosso espírito" correspondem a certos modos musicais. Ele também define a música como "um hábil movimento que causa deleite e prazer em si mesmo" (*De musica*).

4. **Boécio.** *De musica*. Uma obra importantíssima, largamente usada por estudiosos a partir da Idade Média. Foi essencial para os estudos superiores de música em Oxford até meados do século XIX. Escrito no século VI, este livro descreve com clareza e precisão muitos dos problemas técnicos da física acústica e da música. O autor afirma que Pitágoras é sua fonte e a autoridade em que se baseia. Boécio demonstra claramente a questão da Entoação (o problema das freqüências divergentes na natureza, que acabou levando ao sistema de temperamento; está ligado à espiral de quintas ascendentes descrita em nosso texto).

No livro 1, capítulo 1, Boécio associa a música à moral e cita Platão (talvez de memória, ou de alguma fonte hoje perdida), que teria dito não haver maior mácula no comportamento da república do que o abandono da música reta e digna.

5. **Tomás de Aquino.** *Summa* e outras obras. Fez muitos comentários e análises interessantes, muitos deles tirados de fontes como as citadas acima. As proporções musicais como intervalos, os experimentos acústicos com pesos e uma reiteração do poder psicológico de certos modos ou escalas são assuntos típicos de que tratou. Uma mudança de modo modificará o estado de espírito, como na lenda tradicional de Boécio atribuída a Pitágoras: um jovem, inflamado com vinho (ou desejo) foi impedido de queimar a casa de seu amigo (ou de entrar num bordel) por uma instrução de Pitágoras a um músico que estava por perto. O músico mudou o modo em que tocava, e o ardor do rapaz amainou-se imediatamente.

Afastando-nos de Tomás de Aquino, encontraremos esse tema repetido em *Vita Merlini*, de Geoffrey de Monmouth (século XII). Merlim está enlouquecido e corre como um selvagem pela mata; ele é persuadido e induzido a voltar à civilização pela música de uma cítara (provavelmente um *crwth*, nesse contexto céltico-galês, um instrumento semelhante à lira simples, tocado com um arco).

O mito de Er

Geralmente, supõe-se que os sistemas de metafísica musical foram todos explicitados a partir de Platão e Pitágoras. Se adotarmos uma perspectiva histórica e literária, isso parece evidente: Platão é a primeira fonte — em forma escrita — de tal material, e foi nele que os filósofos e metafísicos subseqüentes se basearam.

O exemplo clássico é o famoso mito de Er, da *República*, de Platão, que inclui uma cosmologia musical específica, associada à astrologia e à acústica. A significação desse modelo é, no entanto, muito maior do que devido a ser meramente uma fonte inicial fidedigna ou autorizada. Conforme sugerimos, tais modelos brotam no interior da consciência humana; são o resultado espontâneo das tentativas de perceber a "realidade" ou a "verdade" num esquema refletido na música. Esse esquema, por sua vez, é uma expressão da metafísica, cuja raiz está no solo físico-acústico do nosso mundo exterior.

A visão descrita na história platônica de Er é eterna e praticável. Podemos vivenciá-la e até mesmo usá-la. A complexidade do texto é resultado da redução de uma visão a meras palavras; ele se torna mais complexo por isso. O sistema sugerido no capítulo 5 é uma variante simplificada da visão de Er.

Apesar da íntima relação, os diagramas originais deste livro não foram tirados do texto de Platão, uma vez que foram elaborados vários anos antes que eu ouvisse falar do mito de Er. Mas as similaridades, como um alquimista musical talvez pudesse dizer, são harmônicas: ambas as visões e ambos os sistemas provêm de um Arquétipo verdadeiro: a música celestial ou primordial, que só se percebe por uma orientação interior, pela meditação ou por um crescimento psíquico inspirado. Os sistemas mágicos e musicais são coerentes nesse aspecto; estão harmonicamente em sintonia com um modo de percepção, um reflexo da Verdade, e embora difiram nas palavras e em detalhes técnicos, são harmônicos em seus padrões conceituais.

Em outras palavras, as semelhanças entre sistemas musicais não implicam necessariamente progresso ou um legado literário. Elas indicam certa unidade entre os seres humanos que ultrapassa o tempo e o espaço para criar em nós as impressões da Música das Esferas.

"A todas, levantando-se então após passarem sete dias no campo, foi exigido que partissem no oitavo para chegar a outro local quatro dias depois, onde se descortinava, estendendo-se de todo o céu e de toda a terra, uma luz reta como uma coluna, muito semelhante ao arco-íris, porém mais brilhante e mais pura. A ela chegaram após um dia de caminhada. E perceberam, em meio a essa luz celeste, que suas extremidades estavam amarradas ao céu, pois essa luz é o liame do céu, como a viga transversal dos navios, que mantém toda a circunferência unida. Às suas extremidades fixa-se o eixo da Necessidade, que faz girar todas as esferas. A haste e o gancho desse eixo são de um metal adamantino e o disco é deste e de outros materiais. A natureza deste disco é tal que quanto à forma ele é como qualquer outro que vemos aqui; mas, pelo que disse Er, é preciso concebê-lo como completamente oco, cavado por dentro, e que dentro dele haveria outro igual, porém menor, encaixado no seu interior, como um vaso dentro do outro, e analogamente um terceiro, um quarto, e quatro outros, pois são oito discos inseridos uns nos outros, como círculos concêntricos, a borda de cada um surgindo acima da borda do seguinte, formando a solidez contínua de um só disco em torno da haste, que passa pelo centro do oitavo. A borda circular do primeiro disco, o disco externo, é a mais larga; a do sexto disco é a segunda mais larga; a do quarto, a terceira; depois, em largura decrescente, as do oitavo, do sétimo, do quinto e do segundo. Da mesma forma, o círculo do disco maior é multicolorido; o do sétimo é o mais brilhante; o do oitavo toma a sua cor do fulgor do sétimo; o do segundo e do quinto são semelhantes, mas são mais amarelos que os restantes. O terceiro é o de cor mais branca, o quarto é avermelhado; e o segundo disco supera o sexto em brancura. O eixo gira em movimento circular, arrastando tudo consigo, enquanto os sete círculos internos giram suavemente em direção contrária ao do todo. Novamente, o oitavo é o mais rápido; a seguir, e com velocidade quase igual entre si, o sétimo, o sexto e o quinto; o terceiro tem um movimento que, segundo lhes parecia, é igual ao do quarto, o terceiro em velocidade; e o segundo é o quinto mais rápido. O eixo gira sobre a rótula da Necessidade. E sobre cada um destes círculos assenta-se uma Sirene, girando com ele e emitindo um som sempre no mesmo tom. Os sons, que são oito, juntos compõem uma só harmonia. Três outras assentam-se ao redor a intervalos iguais, cada uma sobre um trono, as filhas da Necessidade, as Parcas, em vestes brancas e trazendo uma coroa à cabeça: Láquesis, Cloto e Átropos, que cantam acompanhadas pela harmonia das Sirenes: Láquesis, o passado, Cloto, o presente, Átropos, o que está por vir. Cloto, de tempos em tempos, segura o eixo com a mão direita e, junto com sua mãe, faz girar o círculo externo. Átropos, analogamente, gira os internos com a mão esquerda. E Láquesis, alternadamente, com uma mão e outra, toca em todos. Quando as almas ali chegam, devem se dirigir diretamente a Láquesis. São ordenadas por um hierofante que então, tirando destinos e modelos de vida do colo de Láquesis, galga a uma alta plataforma e clama: 'Palavras da virgem Láquesis, filha da Necessidade: Almas de um só dia! Aqui principia outro período de natureza normal. O seu destino não lhes será dado por sorteio, mas vocês mesmas o escolherão. A quem cair por sorte ser o primeiro, será o primeiro a escolher uma vida, à qual terá necessariamente que aderir. A virtude é livre, e todos a partilharão em maior ou menor grau conforme a honrem ou desonrem. A causa está em quem escolhe; Deus é isento de culpa!' Quando acaba de falar, lança sobre as almas as sortes, e cada qual recolhe aquela que lhe cai junto de si, exceto Er, a quem não foi permitido recolher nenhuma. E todos souberam a ordem que lhes coubera por sorte escolher."

Pitágoras e os Quatro Ferreiros

Nosso poema introdutório, no começo do livro, é inspirado por uma série de ilustrações e textos alquímicos, nos quais se afirma que Pitágoras, ao visitar uma forja, teria descoberto certos princípios musicais com relações terrenas e cósmicas.

A fonte dessa lenda é Nicômano de Gerasa (séculos I-II). Seu *Manual de harmonia* descreve a experiência pitagórica em detalhes, e para o leitor informado ela parece ser uma seqüência visionária, ou mesmo formalmente iniciatória.

"Por bom acaso ele passava perto de uma oficina de ferreiro quando ouviu claramente os martelos de ferro batendo na bigorna e confusamente emitindo sons que produziam, todos menos um, intervalos de perfeita ressonância. . . Encantado, Pitágoras entrou na oficina como se um deus auxiliasse seus planos, e após algumas experiências descobriu que eram as diferenças de peso que causavam as diferenças de tom — e não o empenho dos ferreiros, nem o formato dos martelos, nem o movimento do trabalho."

Embora esse trecho possa parecer impreciso no que se refere à física (uma vez que o peso dos martelos não afeta necessariamente a ressonância dos objetos submetidos aos golpes desses martelos), oculta uma verdade mística e alquímica. Diversos estudiosos têm teorizado sobre a natureza da obra dos ferreiros pitagóricos, mas é óbvio que, se os sons são produzidos *pelo metal sob o martelo,* pelo trabalho em si, como nas lâminas ou hastes de um xilofone ou de um sistro, então o peso efetivamente produz diferenças de tom. Como Nicômano também nos conta que, "com o maior cuidado, ele (Pitágoras) mediu os pesos dos martelos e sua força de impulso (*momentum*), e verificou serem perfeitamente idênticos, voltando então para casa", podemos afirmar que o experimento de Pitágoras é exato. O resto do texto de Nicômano trata de fórmulas acústicas e matemáticas.

Se recuperarmos a visão iniciatória de acordo com os princípios elementais, bastante simples, descritos em nosso texto e em nossos diagramas, o resultado poderá ser expresso em verso. O objeto do trabalho dos ferreiros, aquilo que emite um ciclo de harmônicos, a Natureza Quádrupla, revela-se como a consciência humana; no entanto, paradoxalmente, é também o mundo material, os Quatro Elementos.

Apêndice 3

Música hermética, práticas herméticas e a origem do termo "hermético"

A característica mais proeminente da filosofia hermética não é apenas a antiguidade de sua origem histórica, mas o seu método. A filosofia hermética toma um grupo de modelos conceituais com certos vínculos entre si e deliberadamente os funde para formar novas entidades. Esse processo é muitas vezes representado pelo experimento alquímico. Quem estuda os estados superiores da consciência, o simbolismo esotérico, ou mesmo a psicologia moderna (num grau limitado) sabe que os modelos conceituais surgem da ação da consciência refletida sobre as propriedades de espaço, tempo e energia — o universo.

Na música hermética, ou música mágica, ou música primordial, encontramos essa faculdade em ação. Num extremo, temos sofisticados sistemas simbólicos (como os de Fludd, Kircher ou Myer), enquanto em outro temos um proferimento sacromágico de tons, impelido por uma consciência motriz em harmonia com os ciclos da vida (por exemplo, as estações ou as posições das estrelas). As únicas diferenças entre os dois extremos são o uso da linguagem escrita e as estruturas correlatas de comunicação intelectual geradas por ela. Afora isso, ambos dizem a mesma coisa: *toda a vida é unida por uma espiral de harmonias.*

Na obra alquímica, as energias bioelétricas (como as que sabemos existir nos intercâmbios de polaridade — que incluem desde a atividade sexual até a meditação) são aplicadas a minerais. Esse é um exemplo do modo como se segue um modelo conceitual até o ponto em que suas fronteiras (ou contornos) dissolvem-se e ele se funde com outro modelo. Na música, nossas reações psíquicas e físicas decorrem em parte da aplicação de leis simples da acústica; estas, por sua vez, estão ligadas à matemática, que nos leva à astronomia e, seguindo a espiral, à física atômica moderna.

É muito fácil, portanto, nadar no oceano hermético da dissolução, mas muito difícil pescar nele algum peixe! Os modelos ou padrões conceituais (sejam eles matemáticos ou mágicos) são cristalizações específicas de uma solução geral de consciência-no-ser. Essa consciência é um meio impressionável que recebe sinais de diversas ordens de existência e destina então esses sinais (intercâmbio de energias polarizadas) a fins especificamente limitados. Não há valor algum em nadar na região líquida onde os conjuntos de conceitos se fundem, e depois languidamente sugerir que "tudo é um". Essa é a grande deficiência do atual renascimento da música, da magia e da metafísica, nos termos de uma chamada Nova Era.

O processo hermético dissolve os conjuntos de conceitos da mesma forma como os elementos químicos são dissolvidos numa solução; num dado instante, formam-se cristais nessa solução, cujos padrões passam a ser expressos como novos modelos, como sistemas ou símbolos expressos numa linguagem complexa. A linguagem não é o cristal em si, mas leva o estudante a repetir o experimento com uma certa chance de sucesso.

As descobertas científicas são muitas vezes feitas por saltos intuitivos que atravessam as fronteiras conceituais e que posteriormente acabam sendo confirmados empiricamente. A ciência hermética, que é também uma arte, determina os meios em que esses saltos podem ser empreendidos; e a música, num sentido bastante específico, é um desses meios.

Foi o ímpeto de unir conjuntos de símbolos, ou de unir as artes e as ciências, que provocou o avanço do pensamento materialista moderno. No entanto, esse ímpeto é profundamente místico e, paradoxalmente, o avanço da ciência levou a progressiva especialização ao ponto da fragmentação, ou até da alienação. Se tentarmos concentrar essa qualidade unitiva num estudo específico sobre a música e a psique, encontraremos rapidamente um conjunto de símbolos transformadores (os tons e os Apelos Elementais) que vagam ocultos nas profundezas do oceano musical e no entanto são uma parte essencial do seu ciclo de vida.

Uma abordagem verdadeiramente hermética à música consiste, portanto, não em ouvir obras musicais ou acompanhar as fases evolutivas da música, mas em descobrir em toda música suas poderosas unidades originais. As lendas célticas falam disso como o Caldeirão dos Mundos Inferiores, nos quais o poder mágico, a presciência e a regeneração fervilham.

Origens do termo "hermético"

Este termo popular, tão querido dos alquimistas, serve para abranger toda a sabedoria das culturas antigas. Hermes Trismegisto (Três Vezes Grande) foi uma personagem mítica, e muitas obras foram atribuídas a ele, principalmente as dos neoplatônicos egípcios.

O deus egípcio Tot, o Intelecto, foi identificado pelos gregos com seu próprio Hermes no mínimo já na época de Platão (por volta de 400 a.C.). Na luta entre o neoplatonismo e o cristianismo, as autoridades antigas do Egito e da Grécia foram combinadas pelos neoplatônicos, resgatando uma tradição que percorre as culturas de todo o mundo: a das origens semidivinas do conhecimento humano. Tot-Hermes foi citado como a fonte de todas as invenções e de toda a sabedoria secreta, de quem Pitágoras e Platão teriam obtido suas idéias. Em outras palavras, eles recorreram às tradições dos Mistérios e às ciências artísticas arraigadas no desenvolvimento cultural do mundo ocidental.

Clemente de Alexandria (séculos II a III) menciona quarenta e dois livros de Hermes existentes em sua época. Iambliquo (século IV) cita vinte mil, enquanto Maneto (século III a.C.) teria indicado trinta e seis mil quinhentos e vinte e cinco desses livros. Essas cifras um tanto incertas representam uma tradição típica de amplos e extensos conhecimentos.

No século XIII, a tradição hermética havia sido abraçada pelos alquimistas, que a expandiram e a refinaram com suas próprias variantes. *Os preceitos de Hermes* (veja Read, 1961), traduzidos de uma fonte antiga (possivelmente grega) para uma série de línguas e textos, eram tidos como a corporificação da arte hermética em forma concentrada. Muitos dos preceitos guardam semelhança com conceitos místicos, mágicos e musicais.

A Tábua de Esmeralda (os preceitos de Hermes)

1. Não falo de entes que não são, mas daquilo que é certo e verdadeiro.
2. O que está embaixo é como o que está em cima, e o que está em cima é como o que está embaixo para a consumação dos milagres da unidade.
3. Todos os entes foram gerados pela palavra única de um único Ser, e assim todos os entes foram gerados por adaptação desse ente uno.

4. Seu pai é o Sol, sua mãe, a Lua, o vento o carrega em seu ventre, sua ama é a terra.
5. É a origem da perfeição em todo o mundo.
6. Vigoroso é o poder se puder ser transformado em terra.
7. Separe a terra do fogo, o sutil do espesso, agindo com prudência e discernimento.
8. Ascenda da terra ao céu com a maior das sabedorias, e desça novamente à terra unindo em si todos os poderes das coisas superiores e inferiores. Assim se obtém a glória do mundo e o obscuro se afasta.
9. Isso é mais forte que a força em si, pois conquista tudo o que é sutil e pode penetrar tudo o que é sólido.
10. Assim foi formado o mundo.
11. Daí procedem as maravilhas aqui estabelecidas.
12. E portanto sou chamado Hermes Trismegisto, e possuo três partes da filosofia de todo o mundo.
13. O que ensinei hoje sobre a operação do Sol está agora completo.

Apêndice 4

Os Quatro Elementos

Ar: Principiar/Nascimento/Encetamento/Primeiro Sopro/Madrugada/Manhã/Infância/Aurora/
Pensar/Indagar/Emergir/Surgir/
Espada/Flecha/Cortar/Voar/Mover/
Liberdade/Saltar/Excitar/*Vida*/
Vento/Frescor/Poder/Som/
Primavera/Germinação/Inspiração/Atenção.
Som vocálico: I*.

Fogo: Incrementar/Juventude/Continuidade/Exalação/
Meio-Dia/Brilho/Capacidade/Zênite/
Dirigir/Controlar/Incandescer/Queimar/
Haste/Governar/Equilibrar/Ereção/
Ver/Relacionar/Harmonizar/*Luz*/
Chama/Coração/Energia/Cor/
Verão/Crescimento/Iluminação/Percepção.
Som vocálico: E*.

Água: Preencher/Maturidade/Apogeu/Segundo Sopro/
Entardecer/Final/Plenitude/Poente/
Sentir/Receber/Assentar/Fluir/
Taça/Dar/Purificar/Suster/
Nutrir/Limpar/Clarificar/Emoção/*Amor*/
Outono/Colheita/Partilha/Intuição.
Som vocálico: O.

Terra: Cessar/Idade/Repouso/Exalação/
Noite/Escuridão/Paz/Luz Estelar/
Apoiar/Refletir/Solidificar/Manifestar/

---

* *Veja a nota à página 127. (N. do T.)*

Escudo/Espelho/Retorno/Graça/
Frio/Secura/Refreamento/Toque/*Lei*/
Inverno/Espera/Preservação/Expressão.
Som vocálico: A.

(Muitos outros atributos poderiam ser acrescentados a essa seqüência; as quatro listas de interações apresentadas acima são apenas uma indicação de algumas das principais expressões tradicionais dos Quatro Elementos.)

Apêndice 5

Três sistemas de música metafísica

Um sistema muito específico, de aplicação da música à transformação interior foi anteriormente apresentado; sucintamente, serão mostrados agora três outros sistemas para fins de comparação. Uma farta seleção de matérias congêneres pode ser encontrada em Godwin (1986), um livro básico de referências e sistemas sobre música e estados alterados da consciência, coligidos de todas as fontes literárias disponíveis.

Três sistemas comparáveis

1. *A Árvore da Vida Proporcional* (figura 18).
2. *A Harmonia Simpática do Mundo:* um dos sistemas musicais/metafísicos tradicionais adaptados por Athanasius Kircher em seu *Musurgia universalis* (1950).
3. *A Dança Extática do Círculo Mágico:* simbolismo musical em um texto moderno de Gareth Knight (*The Rose Cross and the Goddess* (1985)).

A Árvore da Vida Proporcional

As notas musicais são costumeiramente mostradas na Árvore da Vida em ordem ascendente ou descendente; mas, como vimos em nosso texto, a ação da música e das energias primordiais é em espiral, e é dessa espiral que provêm os modelos da Árvore, da *Tetraktys*, dos Elementos, do Zodíaco e do círculo mágico.

As proporções da escala (isto é, os intervalos) são entidades acústicas rigidamente matemáticas (exceto na música moderna, onde foram adaptadas ou temperadas) que podem ser sobrepostas às polaridades da Árvore da Vida. Neste sistema, as notas "ascendem" e "descendem" simultaneamente, e diversos submodelos vão surgindo com as seqüências dos Caminhos entre as Esferas. Seguem-se alguns exemplos (veja também a figura 18).

Esferas: 10/9/8/6/7/9/10
Escala: dó-ré-mi-fá-sol-lá-si-dó

O harmônico inferior (ou as cinco esferas inferiores da Árvore — Terra, Lua, Sol, Mercúrio e Vênus) perfaz uma escala completa ou "mundo". Essa escala (ou mundo) é a música (ou a realidade) como nós normalmente a percebemos. Seu ciclo é o seguinte: de 10 (expressão física) para 9 (reação biológica), para 8 (reação intelectual), para 6 (harmonia ou reação espiritual), para 7 (reação emocional), para 9 (efeito geral sobre a psique e o corpo), para 10 (retorno à expressão física). Ou seja, de Reino para Fundamento, para Glória, para Beleza, para Vitória, para Fundamento, para Reino (veja a figura 3).

Este ciclo demonstra de maneira excelente o que acontece com o ouvinte quando incorpora ou se deixa penetrar por uma peça musical. Se acompanharmos as mesmas notas em sua progressão pelas esferas superiores, encontraremos uma relação harmônica entre esse ciclo vital da música e as áreas de consciência, que normalmente não estão acessíveis aos seres humanos:

O Reino e a Coroa: espírito inerente à matéria. 10/1. Intervalo de oitava.

Dó/ré
Reino e Fundamento: estabelece elo com a nota si, *Compreensão*. 10/9 + 3. Intervalos de segunda e de sétima. (Há uma compreensão ou consciência intuitiva inerente ao corpo e a suas energias vitais, ou à matéria e às profundezas estelares do espaço. A deusa da Lua, a deusa da Terra e a Grande Mãe são partes umas das outras.) *Os intervalos de segunda* e *de sétima* representam o *primeiro* e o *último* passos de nossa escala, que se afasta e aproxima da oitava.

Dó/mi
Reino e Glória: corpo e mente. 10/8. Intervalo de *terça* estabelece elo com a nota lá; intervalo de *sexta*. (O intelecto é uma polaridade da consciência intimamente ligada às emoções, que reagem entre e sobre si mesmas, afetando o corpo. Ambas as

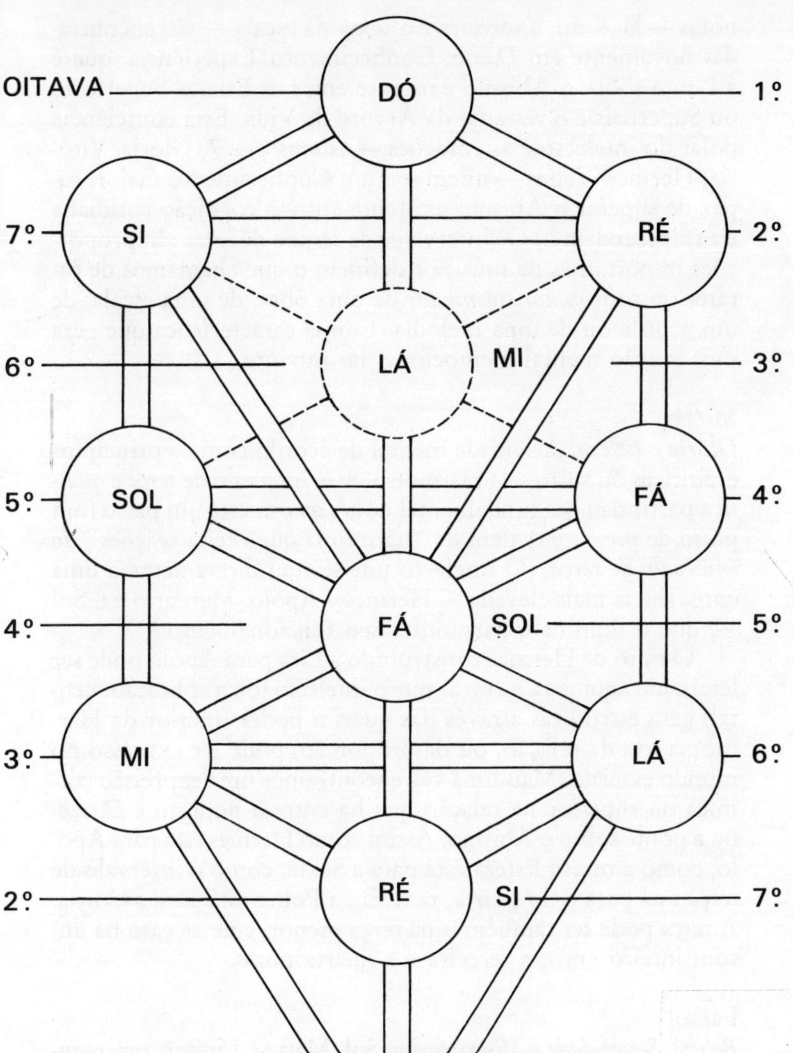

Figura 18 — A Árvore da Vida Proporcional

notas — lá + mi, a terceira e a sexta da escala — são encontradas novamente em *Daath*, Conhecimento/Experiência, que é a Ponte sobre o Abismo existente entre as Esferas Superiores ou Supernais e o restante da Árvore da Vida. Essa consciência polar do intelecto e as emoções — esferas 8 + 7, Glória/Vitória, Hermes/Vênus — unem-se num Conhecimento maior, capaz de superar o Abismo existente entre a cognição cotidiana e a transcendente.) Os intervalos de *terça* e de *sexta* são proporções importantes na música e definem o que chamamos de caráter ou tom *maior* ou *menor* de uma obra, de uma escala, de um acorde ou de uma melodia. É uma característica que gera uma reação mental e emocional no ouvinte.

Mi/fá
Glória e Beleza: Atividade mental de acordo com os princípios espirituais ou solares da Harmonia. 8/6. Intervalo de *terça* e *quarta* a partir da nota fundamental dó. A *quarta* está um passo (um passo de *meio tom*) além da "harmonia que excita reações" *do intervalo de terça*. (O intelecto une-se aqui diretamente a uma consciência mais elevada — Hermes e Apolo, Mercúrio e o Sol —, que o ilumina e harmoniza seu funcionamento.)

O mito de Hermes construindo a Lira para Apolo pode ser lembrado aqui para mostrar que o intelecto (ou a aplicação mental) gera estruturas através das quais o poder interior da Harmonia (ou da relação, ou da proporção) pode ser expresso no mundo externo. Mais uma vez encontramos uma expressão cósmica ou superior na relação que há entre a nota mi e *Daath*, ou a ponte sobre o Abismo. Assim como Hermes está para Apolo, como a oitava Esfera está para a Sexta, como o intervalo de *terça* está para o de *quarta*, também a Ponte está para a Coroa. A *terça* pode ser também uma terça menor, e nesse caso há um tom inteiro entre a terceira e a quarta notas.

Fá/sol
Beleza, Severidade e Misericórdia: Sol, Marte e Júpiter: representa a Tríade de Poder sobre a Árvore da Vida. 4/5/6. Intervalos de *quarta* e de *quinta* a partir da *nota fundamental dó*. Estes intervalos são de um tom[1] e trata-se de um ciclo entre o Poder do Equilíbrio ou Fonte (6), o Poder de Tomar (5) e o Poder de Dar (4). Musical e metafisicamente, a Tríade Solar revela alguns aspectos interessantes.

1. Fá/sol é a transição entre as partes inferior e superior da escala: dó-ré-mi-fá e sol-lá-si-dó. Conforme já descrito, a parte superior da escala é a manifestação dos harmônicos da parte inferior, e vice-versa. O papel central da Tríade Solar revela isso em sua emissão sonoro/musical reiterativa; é o coração da música e, como podemos ver na figura 18, não mantém nenhum elo fixo com notas mais graves ou mais agudas.
2. A Sexta Esfera (Tiphareth ou Beleza) é a Esfera Solar e Harmonizadora: ela representa Equilíbrio, Iluminação e Proporção. As grandes imagens de salvação (Cristo, Buda) podem ser colocadas aqui durante a meditação. Esta Esfera contém as notas fá/sol, um intervalo de um tom no *meio* da escala, que constitui o passo de transição. A escala ascende numa direção e descende na outra, partindo do mesmo ponto tonal. A força ou energia da Sexta Esfera pode ser encontrada exatamente no meio desse intervalo de um tom, um ponto que não pode ser definido. O intervalo entre fá e sol contém em si harmônicos de todas as outras notas da escala, provenientes daquela indefinível fonte germinal ou do local do coração, a saber, a Coroa. A Coroa, a Primeira Esfera (o Sopro Exalado) no interior da Sexta (o Espírito dentro dos Filhos da Luz, na terminologia tradicional). Em nossa consciência individual, é a semente primordial do ser que descobre uma percepção e uma cognição iluminada mais elevada, que é capaz de unificar o intelecto e as emoções.

   Estamos procedendo à racionalização dos símbolos recorrendo a uma escala fundamental de dó maior, mas qualquer outra nota inicial poderia ser usada, pois o princípio central ou germinal continuaria valendo.
3. Ainda outra maneira de expressar esta relação é através da natureza dos intervalos de *quarta* e de *quinta*, pois ambos são "equidistantes" da nota fundamental dó — apesar de serem notas diferentes! O fá está uma quarta (dó-ré-mi-fá) acima do dó inferior da escala dó-dó de uma oitava. E está também uma quinta abaixo do dó superior da mesma escala (fá-sol-lá-si-dó). Já o sol está uma quinta acima do dó grave (dó-ré-mi-fá-sol) e uma quarta abaixo do dó agudo (sol-lá-si-dó).

Portanto, fá e sol representam as polaridades (Esfera 4/Esfera 5, positivo/negativo, Misericórdia/Severidade) de um centro bipolar unificado ou em vias de resolução (Esfera 6, Harmonia, o tom combinado sol-fá). Ou, mais especificamente, da fonte misteriosa desse som que profere os dois extremos polares simultaneamente.

4. Este intervalo de um tom contém todos os outros intervalos da escala. Isso, além de ser verdadeiro na física acústica, é o que justifica o desdobramento da Árvore da Vida e da *Tetraktys*: 1 + 2 + 3 +4 = 10.

Seja na escala temperada moderna seja na natural não-temperada, constatamos que a décupla progressão é inteiramente expressa pelos intervalos cromáticos entre as notas dó e fá (aos quais os harmônicos de *quinta* das notas sol/dó são inerentes). 1 + 2 + 3 + 4 = 10 nos dá cinco semitons (dó/dó sustenido/ré/mi bemol/mi/fá): eis aqui a tão procurada resolução entre as notas musicais e o décuplo simbolismo da Árvore da Vida. É uma reafirmação da questão dos Quatro Elementos abordada em nosso texto, reduzida a uma seqüência proporcional de semitons. Se procedermos a uma outra divisão em quartos de tom, obteremos a Árvore da Vida juntamente com os seus Caminhos, expressos em intervalos cada vez mais cromáticos ou microtonais — que acabam se tornando excessivamente diminutos para o ouvido moderno e para a compreensão musical de nossa era, e precisam ser ampliados até atingir os intervalos que estamos acostumados a ouvir.

Conclusões

O sistema acima esboçado é talvez o mais avançado e mais flexível de todos os apresentados neste livro. Se o leitor desejar, pode ainda partir dele e acrescentar outras relações harmônicas comparando as qualidades e os símbolos da Árvore da Vida com os conectivos musicais mostrados na figura 18. A súmula das notas inferiores dó-ré-mi-fá-sol-lá-si-dó (ou das esferas 10, 9, 8, 7, 6) abrange o restante da Árvore através dos conectivos musicais.

O sistema que associa a música e os centros de energia (figuras 15 e 16) pode ser aplicado com as notas musicais mostradas na figura 18 para que haja um desenvolvimento mais avançado da técnica de cantar ou entoar empregada na meditação ou nos processos de ajustamento psíquico.

A Harmonia Simpática do Mundo

O método de Kircher para associar a música à Árvore da Vida segue um esquema tradicional que ele amplia consideravelmente. Mostramos abaixo um resumo do seu sistema, da *Sinfonia da Natureza para dez eneacórdios:*

TOM: Primeiro semitom — Anjos/Elementos
Telúricos/Enxofre/Magnetita/Trigo/Frutas
Segundo semitom — Arcanjos/Lua/Prata/Cristal
Clematite/Vagem
TERÇA: Principados/Mercúrio/Azougue/Ágata/Peônia/Maçã
QUARTA: Potestades/Vênus/Estanho (normalmente Cobre)
Berilo/Orquídea/Murta
QUINTA: Virtudes/Sol/Ouro/Granada/Girassol/Louro
SEXTA: Domínios/Marte/Ferro/Diamante/Absinto/Carvalho
SÉTIMA: Tronos/Júpiter/Cobre (normalmente Estanho)
Ametista/Betônica/Limão
OITAVA: Querubins/Saturno/Chumbo/Topázio/Heléboro/
Cipreste
NONA: Serafins/Firmamento/Sal/Estrelas Minerais/Ervas
Estelares/Frutas
DÉCIMA: Divindade/Empíreo.

Os dez intervalos estão associados a dez mundos, que por sua vez correspondem às Dez Esferas da Árvore da Vida. O primeiro "intervalo", o do Tom fundamental, é a Décima Esfera. Cobre e estanho foram transpostos, o mesmo acontecendo com o Carvalho (geralmente atribuído a Júpiter) e com o Limão, com as propriedades adstringentes de Marte.

Há uma exposição mais detalhada em Godwin, 1986, que apresenta uma tabela completa, incluindo os atributos de animais, pássaros e cores.

A Dança Extática do Círculo Mágico

(Reproduzido de *The Rose Cross and the Goddess*, 1985[2], de Gareth Knight, com permissão do autor.)

Simbolismo musical

Podemos agora introduzir outro modo de expressão simbólica, o do som, pois o círculo e a cruz também podem ser expressos em termos acústicos.

Nos rituais de determinada ordem, o mago do templo afirma que cada um dos oficiantes representa "uma nota no acorde do ritual" e que, ao firmar contato com cada um deles, fará "vibrar aquela corda".

Nós podemos obter essa corda/acorde de harmônicos de um fio em vibração. Os mesmos princípios se aplicam a uma coluna de ar em vibração, como num instrumento de sopro. Para simplificar, vamos restringir nossas observações às vibrações de uma corda. E foi esse o recurso empregado pelos filósofos pitagóricos para explicar seu sistema filosófico baseado em números.

Se tocarmos uma corda e a fizermos vibrar, ela emitirá uma nota. Se reduzirmos seu comprimento à metade, obteremos a "mesma nota", mas num tom mais agudo. De modo similar, se duplicarmos o comprimento da corda, a nota será novamente "a mesma", mas num tom mais grave.

Se nossa nota original for *dó*, reduzir a corda à metade gerará um dó no extremo superior da escala, e duplicar a corda nos dará um dó no extremo inferior.

A isso geralmente se chama estar uma "oitava" acima ou abaixo. Mas falar de oitavas, ou mesmo de escalas, é pressupor coisas demais. A escala com que estamos tão acostumados não é senão uma convenção local. Há outras civilizações com outras escalas igualmente válidas. As músicas indianas, chinesas, islâmicas e européias soam de modo diferente porque usam convenções diferentes. A música européia usa uma escala de oito notas, daí o termo "oitava". Mas essa não é uma lei universal. E mesmo algumas músicas folclóricas da Europa empregam uma escala de apenas seis notas.

Os gregos antigos, portanto, foram mais precisos ao chamar o intervalo entre uma nota e seu reaparecimento num tom mais grave ou mais agudo de "diapasão". Essa distância tonal, ou diapasão, pode ser dividida em quantas partes quisermos, embora haja algumas divisões naturais em números inteiros. Já descobrimos a importância de dividir ou multiplicar a corda pelo número inteiro 2.

Ao transformar uma unidade numa dualidade equivalente, criamos um diapasão, um limite superior e inferior dentro do qual uma gama completa de expressões musicais pode ser desenvolvida. E o diapasão nós podemos transformar na base de outro modelo universal, que faz uso do som e não do espaço.

Podemos agora ampliar o modelo introduzindo o número 3. Se tomarmos um terço do comprimento da corda, faremos soar uma nova nota dentro dos limites do diapasão. Esta nova nota difere da fundamental, aquela que define seus extremos, mas nos transmite a sensação de que mantém íntima relação com ela. Ela é, por esse motivo, chamada de nota "dominante" da escala que define os extremos da escala, mas nos transmite a sensação de que mantém íntima relação com ela. Ela é, por esse motivo, chamada de nota "dominante" da escala na teoria musical. É uma relação que o ouvido pode perceber; trata-se da sensação de parentesco entre o *dó* e o *sol* da escala. Todo o sistema ocidental de claves musicais baseia-se nessa relação entre a nota "tônica" e a "dominante", e o chamado "ciclo de quintas".

Isso nos remete a áreas da teoria musical com as quais não precisamos nos preocupar de imediato, embora ninguém esteja perdendo seu tempo ao procurar adquirir o conhecimento técnico necessário para pesquisar esse simbolismo mais a fundo — o qual está intimamente associado à qualidade dos números. A arte e ciência dos sons é, na realidade, a verdadeira base de qualquer sistema de numerologia.

Para nossa finalidade imediata, é suficiente dizer que a divisão inicial de uma corda em números inteiros propicia certas experiências fundamentais à alma. E essas constituem a estrutura básica de um sistema harmônico *musical*, que também pode ser usada para formar a base de um sistema harmônico *mágico*.

Dividindo uma corda por dois, obtemos a chamada oitava, ou seja, a mesma nota num modo mais elevado de manifestação. Podemos chamá-la de dó agudo, ou dó superior.

Dividindo a corda por três obtemos a nota dominante de qualquer escala que quisermos construir no intervalo de diapasão entre o dó inferior e o dó superior. Esta é chamada "quinta" — se partirmos da nota dó, é a nota sol.

Se dividirmos a corda por quatro, verificaremos uma repetição da nota tônica num arco mais agudo; pois um quarto é metade de uma metade, e assim teremos novamente introduzido o princípio de dois, isto é, o dois num modo diferente ou numa potência mais elevada (2×2 ou 2^2). E obteremos um dó mais agudo que o dó agudo.

Se dividirmos a corda por cinco, obteremos outra nota importante. Esta é geralmente chamada "terça" (ou *mi*, tomando-se o dó como fundamental). Uma característica importante dessa nota é o fato de ela manifestar-se de duas maneiras, cada uma produzindo uma qualidade diferente de sensação. Na terminologia musical convencional, essas qualidades chamam-se modo maior e modo menor. E, simplificando bastante, uma peça de música será alegre ou triste conforme a terceira nota da escala convencional estiver no modo maior ou menor (no modo menor a terça é abemolada).

Nos termos simbólicos da matemática e da musicologia pitagóricas, esse duplo modo de expressão introduz o princípio da polaridade num novo nível de expressão. Ele é análogo à polaridade sexual e a outras manifestações de polarização.

A divisão por seis não precisa nos deter aqui. Ela é importante filosoficamente por ser uma combinação das potências de dois e de três. E de fato produzirá uma nota dominante em uma escala inteira acima. É o que seria de se esperar da combinação dos princípios da dualidade e da triplicidade: a expressão harmônica num arco superior.

Encerramos esta nossa investigação dividindo a corda por sete. Com isso introduzimos uma nova qualidade, que produz uma nota não encontrada em nossa escala convencional. O princípio do número sete elimina a expressão equilibrada do senário (isto é, os números 1 a 6), e introduz uma nova qualidade, desvinculada das convenções estabelecidas anteriormente. Essas convenções, se agissem de maneira estanque, simplesmente produziriam motivos ou padrões regulares eternamente repetitivos. O sete introduz um elemento de ligeira discordância nesse sistema infinitamente regular e fragmenta-o em inúmeras possibilidades de expressão pessoal.

Em termos musicais, a nova nota assim formada aproxima-se de uma sétima abemolada, ou uma nota intermediária entre o *lá* e o *si* (tomando o dó como fundamental). Seu som não é inteiramente desagradável, e tem expressão natural em diversos tipos de música folclórica.

Ao aplicar princípios harmônicos ao círculo mágico, estamos selecionando alguns tons principais aproximadamente da mesma forma como fazemos um sino ressoar com estes ou aqueles harmônicos da balada fundamental, interferindo no seu formato e desenho. O círculo mágico pode de fato ser concebido como um tipo de sino psíquico, que repica em diversos níveis internos de nossa consciência.

Em termos musicais técnicos, podemos dizer que os quatro pontos do círculo mágico constituem um acorde dominante de sétima no modo dórico. Para simplificar e particularizar essa

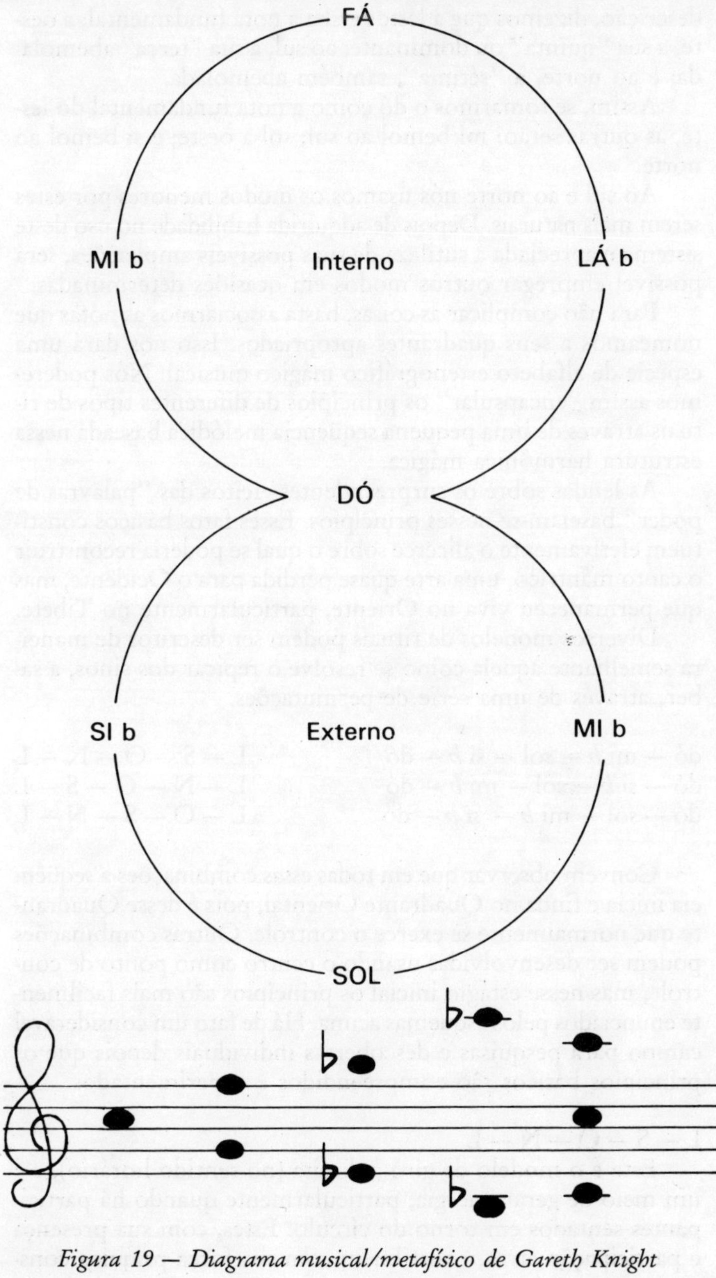

Figura 19 — Diagrama musical/metafísico de Gareth Knight

descrição, dizemos que a leste ressoa a nota fundamental; a oeste, a sua "quinta" ou dominante; ao sul, a sua "terça" abemolada; e ao norte, a "sétima", também abemolada.

Assim, se tomarmos o dó como a nota fundamental do leste, as outras serão: mi bemol ao sul; sol a oeste; e si bemol ao norte.

Ao sul e ao norte nós usamos os modos menores por estes serem mais naturais. Depois de adquirida habilidade no uso deste sistema e apreciada a sutileza de suas possíveis ampliações, será possível empregar outros modos em ocasiões determinadas.

Para não complicar as coisas, basta associarmos as notas que nomeamos a seus quadrantes apropriados. Isso nos dará uma espécie de alfabeto estenográfico mágico-musical. Nós poderemos assim "encapsular" os princípios de diferentes tipos de rituais através de uma pequena seqüência melódica baseada nessa estrutura harmônica mágica.

As lendas sobre os surpreendentes efeitos das "palavras de poder" baseiam-se nesses princípios. Esses fatos básicos constituem efetivamente o alicerce sobre o qual se poderia reconstruir o canto mântrico, uma arte quase perdida para o Ocidente, mas que permaneceu viva no Oriente, particularmente no Tibete.

Diversos modelos de rituais podem ser descritos de maneira semelhante àquela como se resolve o repicar dos sinos, a saber, através de uma série de permutações.

dó — mi *b* — sol — si *b* — dó	L — S — O — N — L
dó — si *b* — sol — mi *b* — dó	L — N — O — S — L
dó — sol — mi *b* — *si b* — dó	L — O — S — N — L

Convém observar que em todas essas combinações a seqüência inicia e finda no Quadrante Oriental, pois é desse Quadrante que normalmente se exerce o controle. Outras combinações podem ser desenvolvidas usando o centro como ponto de controle, mas nesse estágio inicial os princípios são mais facilmente enunciados pelos esquemas acima. Há de fato um considerável campo para pesquisas e descobertas individuais depois que os princípios básicos são compreendidos e experimentados.

L — S — O — N — L

Este é o modelo de giro à direita (no sentido horário), e é um meio de gerar energia, particularmente quando há participantes sentados em torno do círculo. Estes, com sua presença e participação ativa, contribuem com sua força psíquica construindo na mente as imagens descritas. A energia despertada (ou gerada) pode ser simbolicamente concebida como a nota fundamental do leste, sendo elevada em uma oitava a cada giro. No simbolismo melódico, isso poderia ser descrito como um movimento ascendente de três oitavas:

Dó — mi *b* — sol — si *b* — dó — mi *b* — sol — si *b* — dó' — mi *b*' — sol *b*' — dó''*.

L — N — O — S — L

Este é o contrário do modelo acima, e é útil para encerrar a energia ao final de um ritual, girando na direção anti-horária. O poder psíquico gerado retorna então, enriquecido, aos participantes. Melodicamente falando, esse movimento — com o seu fluxo de energia intrínseco e o resultante nível de energia no círculo — pode ser assim descrito:
Dó'' — si *b*' — sol' — mi *b* — dó' — si *b* — sol — mi *b* — dó.

L — O — S — N — L

Esta é a direção geral do fluxo de energia pelo círculo quando as estações dos Quadrantes são ocupadas por oficiantes responsáveis. A energia entra pelo leste através da linha de polaridade leste/oeste que parte do oficiante do leste — que age como elo com os seres interiores subjacentes ao ritual. A energia flui para o oficiante do oeste — que age como um ponto focal da entidade grupal (a síntese energética de todos os que estão presentes no círculo físico). A energia então circula até o oficiante do sul, que procede à sua mediação através do amor para o resto do grupo. Nos rituais onde há somente três oficiantes, como nos de origem maçônica, a tradição é fazer os neófitos sentarem-se do lado oposto, ao norte, para que um fluxo especial de energia lhes possa ser dirigido. O noviço mestre, sentado junto com eles ao norte, pode ajudar nisso. E deste ponto, onde se descortina a força interior, a energia retorna para o Quadrante do leste, de onde foi originada. Em sua expressão mais simples, podemos descrever o processo na seqüência melódica: dó' — sol — mi *b* — si *b* — dó.

Isso pareceria levar a uma diminuição constante da energia, mas este método de trabalho transfere a energia vinda do leste e faz harmônicos mais agudos de "além do véu" serem gera-

* *Parece haver um erro de impressão no original. A seqüência certa deveria ser:* dó — mi *b* — sol — si *b* — dó' - mi *b*' — sol' — si *b*' — dó'' — mi *b*'' — sol'' — si *b*'' — dó'''. *(N. do T.)*

dos, de modo que o que realmente acontece é um aumento geral do nível energético. Na prática, uma vez estabelecido o circuito inicial, a energia fluirá de todos os oficiantes. Como, em última análise, sua origem está além do leste, no círculo interno o modelo todo lembra a figura de um 8. O mago do templo, ao leste, permanece no ponto de união entre os dois círculos: o do mundo exterior e o do interior.

O mago produz assim, no círculo interno, a dominante de uma nota fundamental mais aguda. Podemos imaginar que, quando estiver vibrando, a "nota" do oficiante do oeste estimulará uma ressonância no Quadrante leste do templo interior. E então, quando a energia se dirigir ao oficiante do sul e essa nota for soada, será criada uma ressonância no Quadrante correspondente do círculo interno, o mesmo acontecendo com a nota do Quadrante norte.

Forma-se, assim, um grande acorde, e a nota fundamental original ressoa num nível simultaneamente acima e abaixo de seu som inicial.

Notas

Capítulo 1

1. Stewart, 1985.
2. Scott, 1958; Rudhyar, 1982. As histórias da música, exceto as que a abordam de uma perspectiva esotérica, inevitavelmente seguem uma linha "evolucionária".
3. Stewart, 1986 (*Prophetic vision of Merlin*).
4. A questão do movimento e da direção tem enorme relevância na música e nos estados alterados da consciência; uma linha reta ou um movimento geralmente linear — o conceito popular de evolução — leva inevitavelmente ao rígido e inflexível formalismo da chamada música clássica. Qualidades primordiais de movimento significam estados primordiais de consciência individual e universal. "As principais operações espirituais são descritas sob uma aparência de *posição*. São três movimentos diferentes, por exemplo: *circular*, em que algo se move uniformemente em torno de seu centro; *reto*, segundo o qual uma coisa vai de uma posição a outra; e *oblíquo* (um movimento serpentino), formado de movimentos que são circulares e retos." Santo Tomás de Aquino (itálico meu).
5. Rudhyar, 1982, pp. 139-45.
6. Read, 1961.
7. Gantz, 1976; Knight, 1978, 1983; MacCana, 1975; Ross, 1974; Rees, A. e B., 1961; Matthews, 1986; Stewart, 1976, 1981, 1985. Todos os livros acima trazem uma farta amostra de materiais representativos do simbolismo cultural e mágico do Ocidente, além de amplas referências e extensas bibliografias para leitura posterior.
8. Chambers, 1956, apresenta uma série de provas importantes de que a origem do canto litúrgico está em canções folclóricas. Embora seu argumento se restrinja aos primeiros cantochãos cristãos, a prova de que a Igreja efetuou adaptações musicais acaba por estabelecer um elo significativo com a música oral formal das religiões pagãs. Muitos sistemas sofisticados de memorização musical foram mantidos pelos povos celtas no mínimo até o século XVIII.
9. Stewart, 1985; Matthews, vols. 1 e 2, 1985-86; Knight, 1985.
10. *History of the British kings* e *The life of Merlin* (Geoffrey of Monmouth), *Quest of the holy grail* (anônimo), além de várias outras fontes correlatas ou derivadas.
11. Entre as gravações que realizei e que são pertinentes a essas teorias temos:

os discos com um saltério de oito cordas (veja a discografia), a música para a adaptação de *The holy sinner* feita por Peter Redgrove (BBC Radio 3), e a música para o documentário *Earth magic* (1985), da BBC, além de uma série de obras para violão clássico e pequenos conjuntos.

12. Godwin, 1979.
13. Compare a Árvore da Vida extremamente simples, mostrada em nossos diagramas, com as de Kircher (apresentadas *in* Godwin) ou a dos textos ocultistas do século XIX, culminando na publicação do material de instruções da *Golden Dawn**. Há ilustrações gerais em Purce, 1974.
14. Os primeiros relatos de outros mundos freqüentemente associam a visão de uma realidade transcendente ao simbolismo musical e à proporção geométrica. Isso ocorre nos clássicos, em fontes posteriores e no material vindo de tradições orais. Veja no apêndice 2 o famoso exemplo estabelecido por Platão.
15. Diamond, 1979, apresenta diretamente um resumo popular de alguns efeitos da música sobre o organismo.
16. Veja em Diamond (pp. 95-96) uma relação de quanto viveram diversos maestros.
17. C. G. Jung efetuou uma série de estudos sobre a mandala no contexto da psicologia moderna. Veja em Jung/Franz, 1965, uma definição geral a esse respeito.
18. Veja em *Dedipus aegyptiacus,* de Kircher, um diagrama complexo mostrando as inter-relações entre os Setenta e Dois Nomes de Deus. Esse diagrama inclui uma advertência que tais símbolos não devem ser usados para invocações superficiais. A tradição desse tipo de cautela é antiga, e não nasceu com a religião ortodoxa, mas do desejo dos autores, mestres, visionários e metafísicos de orientarem seus estudantes para o âmago da matéria, e não para seus aspectos periféricos. (A ilustração de Kircher é reproduzida em Godwin, 1979.)
19. Traduzido por J. J. Parry, 1925.
20. Godwin, 1986, constitui um livro de referência sobre música, magia e misticismo do período clássico da Grécia ao século XIX.

Capítulo 2

1. Godwin, 1986; Chambers, 1956; Stewart, 1976.
2. Veja em Gray, 1969, uma apresentação lúcida do Quádruplo Ciclo no simbolismo musical; em Read, 1961, da alquimia; e em Mayo, 1979, da teoria astrológica. Veja também Mann, 1979.
3. Dentre muitos compositores que poderiam ser citados, os de maior destaque incluem: Ralph Vaughan Williams, Percy Grainger, Igor Stravinsky, Béla Bartók, Charles Ives e Benjamin Britten. Há uma importante diferença qualitativa entre a obra desses compositores e a dos que fazem "arranjos" de melodias folclóricas. A segunda categoria inclui muito mais nomes que a primeira.

---

* *A Golden Dawn (Aurora Dourada) foi a mais importante sociedade mágica que floresceu no século XIX. W. B. Yeats, MacGregor Mathers, Annie Horniman, Allan Bennet, Florence Farr, Aleister Crowley e A. E. Waite pertenceram a ela. (N. do T.)*

4. Rudhyar, 1982, apresenta uma análise do desenvolvimento cultural da música, mas omite qualquer menção à música tradicional (folclórica ou étnica), exceto para afirmar incorretamente que ela provém do cantochão (p. 163). Como Chambers (*op. cit.*) já demonstrou incontestavelmente, é o cantochão que provém das canções folclóricas. Afora isso, Rudhyar é um autor moderno perspicaz e tarimbado em questões relativas à música e à consciência.
5. As famosas obras vocais de John Dunstable (falecido em 1453), por exemplo, são baseadas em cálculos astrológicos e trinitários.
6. Veja verbetes pertinentes no *Groves dictionary* e no *Oxford companion to music*. Veja uma análise a respeito do temperamento em Rudhyar, pp. 90-102.
7. Godwin, 1986.
8. Stewart, 1976; *Penguin book of English folksongs*, 1959; Kennedy (comp.), 1984; Sharp, 1960.
9. Chambers (*op. cit.*); Wagner, *History of plainchant*.

Capítulo 3

1. Esta teoria é resumida nas obras de Robert Fludd e Athanasius Kircher (veja Godwin, 1979). Uma súmula das teorias renascentistas pode ser encontrada em Walker, *Spiritual and demonic magic from Ficino to Campanella*. Um paralelo oriental aparece em Govinda, 1969.
2. "Espírito. Em hebraico, *'Ruach'*; em grego, *'Pneuma'*. Nas escrituras, a palavra 'Espírito' denota o Espírito Santo que inspirou os profetas e que anima os homens justos... O Paracleto é chamado Espírito, e manifesta-se como um Sopro, procedendo do Pai e do Filho que inspiram e movem nossos corações a ele.." *in Cruden's concordance*. "Então ele imediatamente rompeu em lágrimas e, aspirando o Sopro da Profecia, disse..." *in Profecias de Merlim*.
3. Chambers (*op. cit.*) cita diversas declarações dos primeiros padres e autoridades da Igreja, que dificilmente podem ser negadas ou refutadas, referentes à aplicação dos apelos vocais dos camponeses no canto da igreja, ao júbilo espiritual e também à relação entre canto e dança. A conclusão a que Chambers chegou, baseado em fontes históricas mais ou menos contemporâneas ao desenvolvimento do canto cristão a partir da música social, revela o extraordinário preconceito dos musicólogos "clássicos" que repetidamente afirmam que a música folclórica foi o resultado de os camponeses imitarem o cantochão. Toda a música provém da música folclórica, da música de uma consciência comunitária em sintonia com o seu meio ambiente. (Veja a figura 1.)
4. Purce, 1974; Stewart, 1985, cap. 8; Gray, 1968.
5. Iambliquo, *Vida de Pitágoras*, traduzido por Thomas Taylor em 1818; Taylor, 1816/1972.
6. Berne, E. M. D., *Games people play* (Penguin) é um bom exemplo dos diagramas da polaridade da Árvore da Vida empregados na psicologia popular. É interessante notar que este médico desconhece a existência da psicologia antiga mostrada na Cabala — ou, se conhece, prefere não citar a fonte original de suas ilustrações.
7. Há um grande número de livros confusos e mutuamente plagiados sobre a Árvore da Vida, a maioria deles derivados da teosofia renascentista ou de estudos do século XIX, como os da Golden Dawn. Um rápido exame

de alguns desses volumes revelará quão confuso e contraditório o simbolismo pode ser.

8. Chambers (*op. cit.*).
9. Veja a discografia.
10. Veja verbetes pertinentes em *Groves/Oxford companion to music.*
11. Veja a nota 10, anterior.
12. Godwin, 1979, reproduz várias ilustrações notáveis de Robert Fludd (1574-1637) que demonstram essa antiga teoria harmônica.
13. Veja discografia.
14. "O que significa um canto de júbilo? É a percepção de que as palavras não conseguem expressar a música interior do coração. Pois aqueles que cantam na seara, ou na vinha, ou nos trabalhos que ocupam profundamente a atenção, ao extasiarem-se de alegria com as palavras da canção, ao sentirem-se assim repletos de exultação, não conseguem expressar em palavras a emoção e deixam de lado as sílabas das palavras, caindo em sons vocálicos. É o coração que anseia por expressar o que a língua é incapaz de proferir." Santo Agostinho, comentário sobre o salmo 32.
15. Veja na discografia as gravações que demonstram esse efeito.
16. No extremo oposto do espectro, tanto na religião quanto na música, poderíamos citar a obra de Olivier Messiaen, que (de acordo com o próprio compositor numa entrevista que concedeu à televisão em 1985) provém em parte do canto dos pássaros e é estruturada através de um sistema de "cores" tonais/elementais que ele emprega em *clusters** ou acordes.
17. A confusa teoria dos "modos gregos antigos" exposta em muitos livros didáticos decorre de uma arte científica (hoje perdida) segundo a qual escalas ou modos específicos inspiram qualidades específicas de consciência. Estas eram representadas pelas características tribais dos dórios, dos lídios, dos jônios, e assim por diante. Uma tal linguagem é simbólica e tradicional, e não histórica e literal. Infindáveis confusões musicais surgiram por se tomar o suposto simbolismo dos "modos gregos" literalmente.
18. Veja exemplos na discografia. E também em Govinda, 1969, o uso do som sagrado nas práticas monásticas tibetanas.

Capítulo 4

1. Veja Rudhyar, 1982, pp. 72, 83, 100-1.
2. O experimento simples de encostar o ouvido numa harpa, violão ou piano revela uma vastidão de sons inesperados vibrando no interior do instrumento. Essa ressonância não existe nos instrumentos eletrônicos, ainda que se possa criar um efeito artificial utilizando reverberadores, câmaras de eco e dispositivos digitais de armazenamento e recuperação de sons. Boa parte da música eletrônica progressiva moderna não faz mais do que afirmar externamente aquilo que se ouve no interior de qualquer caixa de ressonância acústica, exteriorizando (tocando ou gravando) certos padrões, repetições, ritmos e seqüências tonais. Essa exteriorização é parte do ciclo mostrado na figura 1, mas também revela a alienação entre a mente musical moderna e os sons mais fundamentais da natureza. A consciência moderna considera

---

* *Um* cluster *é um agrupamento qualquer de notas. Não é um acorde, porque não segue lei alguma, exceto a predileção do compositor. (N. do T.)*

música somente a estrutura *expressa* e imediatamente audível; e, com a eletrônica, é de fato isso o que ela se torna.

3. Sharp, 1960.

4. Veja *Augustine, De musica*, citado em Chambers, cap. 3, pp. 34-7.

Capítulo 5

1. Read, 1961; Atwood, 1920; veja também o apêndice 3.

2. Vários sistemas mnemônicos ou de notação persistiram até os séculos XVIII e XIX, demonstrando a flexibilidade de outras soluções que não a notação usual. Ainda há controvérsia em torno dos primeiros sistemas de notação do cantochão (veja Chambers, Wagner); todavia, os paralelos nas tradições orais e nos primeiros manuscritos são claros. As *shape notes*, um sistema em que o tom musical é indicado pelos dedos da mão ou por algum outro recurso similar para auxiliar a memória, ainda são encontradas entre as seitas dissidentes: os harpistas irlandeses aplicavam um sistema que usava os botões de seus casacos; os gaitistas escoceses tinham o sistema de *cantarach*, que foi eliminado a mão armada pelos ingleses; no *Scholar's primer* (traduzido por Calder em 1971), vários textos irlandeses do século XIV relatam uma série de alfabetos, alguns aplicados aos dedos da mão. Um sistema semelhante é empregado na China (Levis, J. Hazedel, *Chinese musical art*), e foi usado diretamente pela Igreja primitiva, provavelmente por empréstimo dos sistemas quironômicos pagãos. A incapacidade demonstrada pela musicologia oficial de compreender a complexidade desse simbolismo musical é extraordinária, bem como a incapacidade de entender o notável poder da memória musical antes do desenvolvimento da escrita atual.

3. Godwin, 1986; Taylor, 1816, 1818.

4. Veja a nota 2 acima.

5. Veja os verbetes pertinentes em *Groves/Oxford companion to music*, e a nota 18 do capítulo 3. Veja também Rudhyar, 1982, pp. 32, 84-8.

6. A Arte como Imagem da Natureza é algo que aparece em diversos textos e ilustrações alquímicos, herméticos e metafísicos, onde são sugeridas técnicas (por exemplo, imitar a natureza e trabalhar holística ou orgânica e ritmicamente) para estabelecer harmonia entre os Mundos. O inverso dessa visão (o inverso *demoníaco*, como o teriam chamado os filósofos antigos) é a teoria segundo a qual o ser humano é efetivamente um tipo de macaco que adquiriu a forma atual através de sua infindável luta com a natureza.

7. Godwin, 1986.

8. Veja a figura 5. A lira possui tradicionalmente sete ou oito cordas, que simbolizariam os Sete Planetas. Essas cordas são afinadas de acordo com uma escala ou modo normal, mas o método de tocar visava à obtenção dos *harmônicos* — uma técnica ainda hoje empregada na harpa e no violão, e que consiste em roçar levemente na superfície da corda que está sendo tocada, obtendo-se uma série de notas claras e límpidas (os harmônicos, que também fazem parte da nota fundamental daquela corda). Esse antiqüíssimo método de tocar permaneceu vivo na Europa, e temos notícias históricas da *crwth*, encontrada no País de Gales, e das harpas com arco dos países escandinavos. Um pequeno número de cordas pode, portanto, reproduzir uma ampla gama de intervalos harmônicos reais (isto é, não-temperados). Se a superfície de uma corda da Lira de Apolo for roçada levemente no local apropriado enquanto esta mesma corda estiver sendo tocada com a

outra mão ou com um arco, produzirá o terceiro, o quinto, o sexto e o sétimo harmônicos como se estes fossem notas efetivamente tocadas. Um aperfeiçoamento posterior da técnica permite que toda a série harmônica seja ouvida em diferentes graus de clareza e definição. Na lira de oito cordas, o tom da última corda não é uma oitava acima da primeira (como comumente se supõe), pois a oitava é obtida da maneira descrita acima. A última corda é, em vez disso, afinada *um semitom* abaixo da oitava; esse afinamento permite que o tocador obtenha uma série plenamente cromática de harmônicos — semelhante ao esquema do teclado moderno — pois a última corda como que "preenche" os tons que não podem ser facilmente obtidos com as sete principais. (Exemplos desse tipo de afinação para fins experimentais seriam: lá/si/dó/ré/mi/fá/sol/lá bemol ou dó/ré/mi/fá/sol/lá/si bemol/si natural.) Trata-se de uma simplificação do afinamento da Antiguidade, que envolvia também intervalos menores que um semitom. Mas serve para demonstrar os mistérios da lira para a mente moderna. A lira teria sido inventada por Hermes como um presente para Apolo.

9. Chambers (*op. cit.*).
10. Read, 1961; Godwin, 1979.
11. Knight, 1978.
12. A versão moderna do chamado "druidismo" não precisa ser incluída em nenhum estudo sério da sabedoria céltica, seja na música ou em qualquer outro ramo do simbolismo tradicional. É significativo o fato de esse "druidismo" moderno (que consiste basicamente em uma série de invenções grotescas baseadas numa pseudovalorização de antigualhas ou num pseudopaganismo) levar pouco em consideração os materiais célticos ainda vivos atualmente.

Capítulo 6

1. Read, 1961.
2. Gray, 1969; Mann, 1979; Mayo, 1979. Os sistemas elementais usuais da astrologia, da alquimia e da magia diferem em vários aspectos. O caráter cíclico do círculo mágico é baseado numa combinação de tradições ocidentais intimamente associadas às quatro estações do ano e às fases do amadurecimento humano. É esse sistema, com algumas variações específicas, que seguimos em nossos exemplos, pois sua característica espiralada reflete a natureza centrífuga da expansão musical a partir de um tom fundamental. É justo dizer que esse sistema não possui nenhuma origem "conhecida" e que tem perdurado sob diversas formas através dos séculos. O que cada autor apresenta são apenas as suas opiniões ou fragmentos de pesquisas pessoais. A origem do sistema está além da consciência humana, e além da consciência maior do Ser. Veja em *The cosmic doctrine*, de Dion Fortune, um exemplo moderno pouco comum que combina uma teosofia do século XIX com alguns conceitos herméticos altamente originais que a autora tirou de uma fonte intuitiva interior.
3. As teorias referentes à natureza das escalas e seus efeitos sobre a consciência não se restringem, de maneira alguma, aos estudos esotéricos ou às antigas tradições. O século XIX presenciou o aparecimento de um aprimorado sistema de leitura musical denominado *tonic solfa*, que gozou de notável popularidade e divulgação. Mesmo hoje, muitos livros de música popular ainda são publicados com esse sistema impresso sob a pauta normal. Nesse

sistema, cuja teoria decorre, em parte, do estudo de antiguidades clássicas ou pitagóricas, a tônica é chamada nota *firme* ou *forte*; a segunda, nota *excitadora*; a terceira, nota *calma* ou *de resolução*; a quarta, nota *solene* ou *imponente*; a quinta, nota *do clarim*; a sexta, nota *triste* ou *melancólica*; e a sétima, nota *penetrante* ou *dilacerante*. Muitos desses termos psicológicos são perfeitamente aceitos por muitos músicos e compositores sérios atuais.

4. Fludd; *Utriusque cosmi... história*, 1617 (*História do macrocosmo e do microcosmo*). As ilustrações incluem um "Templo da Música" e um "Monocórdio Cósmico", reproduzidos em Godwin, 1979.
5. *A Espiral das Oitavas*: uma revolução equivale ao intervalo de *quarta* (as notas 1-4 na escala normal, ou dó-ré-mi-fá). Duas revoluções equivalem a uma *oitava* (notas 1-8, ou dó-ré-mi-fá-sol-lá-si-dó). Oito revoluções (quatro oitavas) trazem a nota dó de volta ao Elemento Terra, e isso poderia ser denominado um *Grande Ciclo dos Elementos Musicais*. Mais três oitavas nos levariam aos limites do ouvido humano (que alcança sete oitavas), supondo-se que nosso ciclo tenha começado na nota audível mais grave possível. (Neste exemplo, nós, por conveniência, sempre chamamos a nota teoricamente mais grave de *dó*; não há nenhuma implicação de algum dó em especial ou de algum número fixo de vibrações por segundo. Sobre o alcance real da audição humana veja na bibliografia diversas obras que tratem de acústica. A expansão centrífuga de sete oitavas nos traz novamente à nota dó, o dó-57, se partirmos de uma nota dó-1. As notas dó (1, 8, 15, 22, 29, 36, 43, 50, 57) ascendem em rotação solar (no sentido horário): dó-1, Terra; dó-8, Ar; dó-15, Fogo; dó-22, Água; dó-29, Terra; e assim por diante até dó-57. A espiral de notas que ascendem no modo ou na escala, por outro lado, gira em rotação estelar (no sentido anti-horário), como mostra nosso diagrama da Espiral das Oitavas. Como nosso exemplo é intencionalmente limitado a uma escala maior moderna, com seus ajustes ou temperamento, não há nenhuma indicação: (a) da seqüência de quintas corrigida com os sustenidos necessários, ou (b) da natureza acústica efetiva das quintas em expansão, que na realidade excedem o número de oitavas correspondentes. (Veja em Rudhyar, cap. 7, uma discussão dessa relação entre quintas e oitavas.)

Capítulo 7

1. Uma reformulação moderna desse conceito, com enfoque e premissas diferentes, pode ser encontrada na chamada *Alexander technique*, que permite o controle consciente do corpo — um controle cujos efeitos são marcantes. Veja Barlow, 1973.
2. Jaynes, 1976; Onians, 1973. Veja também um pequeno resumo das origens da palavra *"thymos"* em Diamond, 1979, apêndice 2, p. 128.
3. Stewart, 1986.
4. Vale notar que o conceito geral de poder psíquico, ou de centros de energia, antecede em vários séculos a moderna definição científica de energia bioelétrica.
5. Isso vem da tradição bíblica ou talmúdica segundo a qual *Adão* significa "aquele feito de terra ou pó vermelho". Houve muita confusão em publicações esotéricas, decorrente de a Igreja ter considerado equivalentes Terra/Natureza e mal e corrupção — um conceito totalmente estranho aos Mistérios ou às verdadeiras tradições de aperfeiçoamento espiritual em todo o mundo.

6. Veja em Jung, 1968, 1953, 1959, as teorias psicológicas modernas acerca da imaginação. É preciso ressaltar que o uso da imaginação criativa na meditação, na magia e em ciências artísticas similares não é idêntico a sua utilização e interpretação psicológicas.
7. Steiner, 1910.
8. Stewart, 1985, pp. 47, 130; 1986, cap. 2; Steiner, *op. cit.*.
9. Rudhyar, 1982, sobre as propriedades das escalas; Govinda, 1969, sobre a reiteração do mantra AUM por todos os mundos.

Capítulo 8

1. A mais famosa "palavra de poder" é JHVH, da tradição hebraica ortodoxa e do misticismo hebraico não-ortodoxo. Esse Nome, contudo, tem suas raízes no fundamento psíquico-espiritual da magia, e diversos outros nomes de deuses não-hebraicos têm sons e propriedades tradicionais similares. As ilustrações alquímicas e herméticas estão repletas de exemplos do Nome, tanto no contexto musical quanto fora dele. Veja exemplos em Read, 1961.
2. Um Nome menos divulgado na literatura geral sobre o ocultismo, e também proveniente da tradição hebraica, é AHIH, um som respirado. Novamente, é preciso ressaltar que tais palavras são sons ou tons primordiais da consciência, não havendo nenhuma autoridade religiosa, racial ou hierárquica por trás deles. O poder é inerente à palavra e a seu vínculo harmônico com as intuições acerca da realidade — não está nas fontes e usos literários, religiosos ou supersticiosos. Devemos também estar cientes de que tais "palavras" não só indicam estados superiores e alterados da consciência, como são também *expressões diretas de tais estados*. O curioso fenômeno de "falar em línguas" (glossolalia) é conhecido em todo o mundo, tendo até mesmo uma tradição cristã derivada do Novo Testamento. Esse modo espontâneo de proferimento vocal — normalmente musical — é a manifestação da psique individual ou grupal como som, e reflete o proferimento maior do Verbo Criador. Na maioria dos casos, "falar em línguas" é um fenômeno puramente transitório, relevante apenas no uso imediato que o grupo ou culto faz dele, sem quaisquer "palavras" comunicáveis ou outro tipo de utilização. As Palavras de Poder, por outro lado, possuem um ciclo de significado eterno e imorredouro; elas "encapsulam" e expressam uma consciência mais elevada e uma consciência fundamental simultaneamente.
3. A referência bíblica ortodoxa ao Espírito que paira sobre as profundezas é apenas *um* exemplo de um corpo perene de simbolismo. Poderíamos citar outras fontes não-cristãs ocidentais, como o Kalevala finlandês: "Uma filha virgem do Ar (Ilmatar) desce e paira sobre as grandes águas até que (após setecentos anos) um pássaro enviado pela divindade masculina (Ukko) deposita sete ovos em seu colo. Desses ovos nasce o mundo (ou Mundos)".
4. Veja Govinda, 1969, p. 23. No budismo tibetano, a sílaba OM é definida como três unidades: A-U-M. Cada unidade ou letra equivale a um plano da consciência: A à consciência desperta ou em vigília; U à consciência onírica; M à consciência do sono profundo. A sílaba unificada AUM (OM) representa a consciência cósmica. Nas práticas monásticas do Oriente, como nas do Ocidente, as palavras sagradas são proferidas *musicalmente,* em tons controlados vindos de dentro. Uma palavra de poder (ou sílaba seminal) tem pouco significado se for pronunciada numa conversa, e ainda menos se for

meramente lida sem qualquer envolvimento ou experimentação por parte do leitor. As semelhanças óbvias entre as tradições budistas, hebraicas e mágicas do Ocidente *não* são, em absoluto, uma questão de derivação histórica ou literária. Sua unidade essencial demonstra uma propriedade da consciência humana ao se reportar aos mistérios da origem desconhecida do Ser.

5. Stewart, 1985, pp. 105-9.
6. Veja em Govinda, *op. cit.*, p. 253, um mapa do AUM envolvendo-se através dos mundos metafísicos e agindo sobre seus habitantes. Esse tipo de simbolismo é bastante conhecido no Ocidente em formas ortodoxas — como o poder atribuído ao nome de Jesus (ao qual todos os seres de todos os mundos demonstram o respeito que sua natureza divina e, mais especificamente, sua "Descida aos Infernos" merecem) — e nas formas das tradições mágicas, segundo as quais certas emissões sonoras, tons, timbres ou formas (Nomes) permitem estabelecer contato com seres em outras dimensões ou nos mundos interiores. Podemos encontrar um paralelo um tanto simplista, mas viável, na psicologia moderna, em que as notas musicais destravam áreas da consciência individual e revelam seu conteúdo (que freqüentemente se manifesta como seres imaginários ou pessoas intimamente ligadas a essas áreas). A passagem de uma palavra como OM ou JESUS, entretanto, é de ordem e valor diferente dos de uma pequena reestruturação psíquica. As primeiras possuem uma significação cósmica perpétua, ao passo que a reestruturação psíquica é efêmera e pessoal. Se os grandes "nomes", "palavras" ou "sílabas seminais" forem aplicados musicalmente à psique individual, estaremos fazendo com que haja uma abertura e uma união entre a consciência normal e a transcendente.
7. Cruden: "Significa, em hebraico, 'verdadeiro', 'fidedigno', 'certo'. É usada também para afirmar qualquer coisa, tendo sido freqüentemente empregada pelo Salvador" (Concordance, 1817). AMEN tem um uso específico e repetido no Velho e no Novo Testamento, revelando ter sido empregada como uma palavra de verdade ou de poder. (João, 3:3-5; 2 Coríntios, 1:20; Apocalipse, 3:14; Isaías, 65:16; Apocalipse, 5:14, etc.)

Apêndice 1

1. Tem sido uma prática constante neste livro não citar peças específicas de música, particularmente em termos negativos. As músicas sérias, doentias e deprimentes, são geralmente obras que, no nível mais superficial, recorrem a artifícios intelectuais ou pretensamente artísticos visando a fama, a obtenção de subsídios ou a moda efêmera, e que no nível mais profundo são graves obsessões ou reflexo de desequilíbrio mental. Muitas dessas obras exercem um fascínio mórbido, que pode ser reduzido e contrabalançado seguindo as regras simples mostradas no apêndice.

   O período de "vanguarda" dos sons *new wave* ou dos sons da "nova era" ainda não findou (1988), e devemos ser particularmente cautelosos com a música que se diz progressiva ou espiritual. A maior parte deste material não é mais do que uma variante refinada do produto *pop* (veja o capítulo 1) e poderá ser desmascarado pelo desenvolvimento de uma consciência musicalmente alerta. O uso dos tons ou Apelos Elementais para despertar a psique deverá permitir ao leitor revigorar seu talento e intuição musicais; seria bastante irrelevante num livro como este publicar listas de gravações ou obras musicais aparentemente "boas" ou "más". Esse método serviria apenas para remeter novamente à balbúrdia da música comum. O que é necessário é transmutar essa balbúrdia, esse oceano caótico de sons, em sua essência transformadora, a saber, os elementos musicalmente purificados da psique.

Apêndice 5

1. Se nos aprofundarmos mais na acústica em si, poderemos fazer distinções mais elaboradas entre as notas reiteradas pela Árvore da Vida. A solução de temperar uma escala permite-nos usar as notas de uma maneira simbólica que evita esse importante, mas complexo, conjunto de distinções. Numa escala não-temperada as várias notas terão vibrações diferentes (ainda que sejam indicadas pelo mesmo nome) *dependendo da direção pela qual nos aproximamos delas.* Essa importante diferença microtonal é a chave de um antiqüíssimo método de cantar e tocar música, que ainda hoje é encontrado na música sacra e mágica do Oriente (uma tradição em que os elementos ou sistemas metafísicos são apenas parcialmente compreendidos). Em nosso exemplo, a Árvore da Vida Proporcional, há uma orientação geral que poderá ser plenamente definida usando-se uma tabela de cálculos acústicos que depois servirá de guia para a execução e a entonação de música microtonal metafísica. (Veja os verbetes pertinentes em *Groves* ou no *Oxford companion* sobre assuntos como temperamento, escalas cromáticas, microtons, quartos de tom, intervalos, etc.)
2. Esse trecho refere-se a operações de magia ritual e seu efeito sobre a consciência. Como tal, não oferece um sistema musical para uso pessoal na meditação ou no aperfeiçoamento espiritual progressivo, pois trata diretamente de certos tópicos e métodos mágicos e metafísicos. O autor está reafirmando uma venerada tradição da Antigüidade em que as pessoas se reuniam e usavam a música em grupo para alterar sua consciência e alterar o mundo externo através de um veículo musical que extrai energias de um mundo interior. Nas tradições pagãs, esse tipo de método era bastante difundido nos Mistérios, ao passo que o uso cristão incorpora o canto comunitário, o cantochão e, é claro, o uso moderno de hinos. Aplicações musicais à consciência continuam sendo desenvolvidas hoje, e o sistema citado é apenas um dentre uma série de pesquisas modernas sobre a música e os estados alterados da consciência. Essas pesquisas vêm sendo realizadas por grupos ou indivíduos independentes, mas são todas baseadas nas rotações elementais de música e energia. Mais importante não é o seu conteúdo, mas o fato de o material ser *prático* e não apenas receptivo ou teórico. Aqueles que hoje fazem experiências com estados alterados de consciência estão desenvolvendo novos meios de usar a música. Os dias em que se ouviam gravações selecionadas ou repetiam cantos religiosos findaram.

Bibliografia

Attwood, A. (1920) *A suggestive enquiry into the hermetic mystery.* Belfast.
Barlow, W. (1973) *The Alexander principle.* Londres.
Berne, E. M. D. (1970) *Games people play.* Harmondsworth.
Boécio. *De musica.*
Bowra, C. M. (1962) *Primitive song.* Londres.
Chamberlain, Fr. D. S. "Philosophy of music in the *Consolatio of Boethius*" (*Speculum,* 1970, pp. 80-97).
Chambers, G. B. (1956) *Folksong-plainsong.* Londres.
Diamond, J. (1979). *Behavioral kinesiology.* Nova York.
Erickson, R. (1975) *Sound structure in music.* Berkeley.
Fortune, D. (1966) *The mystical Qabalah.* Londres. (*A cabala mística,* Ed. Pensamento, São Paulo.)
Fortune, D. (1976) *The cosmic doctrine.* Wellingborough. (*A doutrina cósmica,* Ed. Pensamento, São Paulo.)
Gantz, J. (trad.) (1976) *The Mabinogion,* Harmondsworth.
Godwin, J. (1979) *Robert Fludd.* Londres.
Godwin, J. (1979) *Athanasius Kircher.* Londres.
Godwin, J. (1986) *Music, magic, mysticism.* Londres.
Govinda, Lama A. (1969) *Foundations of Tibetan mysticism.* (*Fundamentos do misticismo tibetano,* Ed. Pensamento, São Paulo.)
Gray, W. G. (1968) *The ladder of lights.* Teddington.
Gray, W. G. (1969) *Magical ritual methods.* Teddington.
Hamel, P. M. (1976) *Through music to the self.* Salisbury.
Hopkins, A. J. (1934) *Alchemy, child of Greek philosophy.* Nova York.
Jaynes, J. (1976) *The origins of consciousness in the bicameral mind.* Boston.
Jung, C. G. (1953) *Two essays on analytical psychology.* Londres.
Jung, C. G. (1968) *Civilisation in transition.* Londres.
Jung, C. G. (1959) *Psychological types.* Londres.

Jung, C. G. (1953) *Psychology and alchemy.* Londres.
Jung, C. G./Franz (1965) *Man and his symbols.* Londres.
Jung, C. G. e Wilhelm, R. (1965) *The secret of the golden flower.* Londres.
Kathi, M. (1970) *Music of the spheres and the dance of death.* Princeton.
Kennedy, P. (1984) *Folksongs of Britain and Ireland.* Londres, Nova York.
Knight, G. (1978) *A history of white magic.* Londres.
Knight, G. (1983) *The secret tradition in Arthurian legend.* Wellingborough.
Lilly, W. (ed. Zadkiel) (1913) *An introduction to astrology.* Londres.
MacCana, P. (1975) *Celtic mythology.* Londres.
Mann, A. T. (1979) *The round art.* Londres.
Matarasso, P. (trad.) (1969) *The quest of the Holy Grail.* Harmondsworth.
Matthews, J. e C. (1985-86) *The western way,* vols. 1 e 2. Londres.
Mayo, J. (1979) *Astrology.* Londres.
Onians, R. B. (1973) *The origins of European thought.* Nova York.
Parry, J. J. (trad.) (1925) *Vita Merlini.* Illinois.
Platão. *A república.*
Portnoy, J. (1954) *The philosopher and music.* Nova York.
Portnoy, J. (1963) *Music in the life of man.* Nova York.
Priestley, M. (1975) *Music therapy in action.* Londres.
Purce, J. (1974) *The mystic spiral.* Londres.
Read, J. (1939/1961) *Prelude to chemistry.* Londres.
Rees, A. e B. (1961) *Celtic heritage.* Londres.
Regardie, I. (1968) *The Tree of Life.* Nova York.
Regardie, I. (1937-40/1984) *The Golden Dawn.* Chicago/Nova York.
Ross, A. (1974) *Pagan Celtic Britain.* Londres.
Rudhyar, D. (1982) *The magic of tone and the art of music.* Boulder, Colorado.
Schneider, M. (1957) *in* Wellsz, *Ancient and Oriental music.* Oxford.
Scott, C. (1958) *Music.* Londres.
Sharp, C. (1960) *English folksongs from the Southern Appalachians.* Londres.
Spitzer, L. (1963) *Classical and Christian ideas of world harmony.* Baltimore.
Steiner, R. (1907) *The occult significance of the blood.* Londres.
Steiner, R. (1910) *Initiation and its results.* Londres.

Stewart, R. J. (1986) *The prophetic vision of Merlin.* Londres.
Stewart, R. J. (1976) *Where is Saint George?* Bradford-on-Avon.
Stewart, R. J. (1985) *The underworld initiation.* Wellingborough.
Tart, C. T. (1975) *Transpersonal psychologies.* Nova York/Londres.
Taylor, Th. (1816/1972) *The theoretic arithmetic of the Pythagoreans.* Londres/Nova York.
Thorpe, L. (trad.) (1966) *The history of the kings of Britain.* Harmondsworth.
Vaughan Williams, R. e Lloyd, A. L. (compil.) (1959) *Penguin book of English folksongs.* Harmondsworth.
Vogel, M. (1954) *Die Zahl Sieben in der spekulativen Musiktheorie.* Bonn.
West, J. A. e Toonder, G. (1970) *The case of astrology.* Londres.

Discografia

Há milhares de gravações de músicas étnicas, religiosas, ou ainda compostas individualmente, que utilizam métodos conscientes ou inconscientes de alterar a percepção e a cognição do ser humano através da música ou das qualidades tonais.

Como estamos fundamentalmente interessados em sons simples e em Apelos musicais práticos, as gravações abaixo são apenas uma pequena amostra de músicas disponíveis em disco ou fita que incorporam as tradições ou as inspirações de uma consciência alterada e de uma imaginação estimulada. Não é uma lista definitiva, autorizada ou de alguma forma superior a qualquer outra lista; não constitui um programa de trabalho, embora a livre visualização com essas gravações selecionadas possa ser extremamente gratificante.

Atrium Musical de Madrid, *Music of ancient Greece,* HM 1015.
BBC Records, *Chinese classical music,* REGK 1M.
Baron, Jean e Anneix, Christian, *Bombarde et biniou koz* (música tradicional da Bretanha), Arfolk SB 357.
Canto gregoriano, *Ave Maria,* Philips Festivo 6570 154.
Claddagh, *The drones and the chanters* (gaitas e flautas tradicionais da Irlanda), CC11.
Dunstable, J., *Motets,* Hilliard Ensemble, HMV 1467 031.
Gerwing, Walter, *Lute music.* J. S. Bach, Oryx BACH 1202.
Hildegard of Bingen, abadessa, *A feather on the breath of God,* Gothic Voices, Hyperion A66039.
Lassus, O., *Lagrimi di San Pietro,* Consort of Musicke, Oiseau-Lyre DSLO 574.
Sckriábin, A., *Symphonies 1-3,* Melodiya 80030 XHK.
Stewart, R. J., *Music and the elemental psyche* (as gravações de R. J. Stewart podem ser obtidas da Sulis Music, BCM Box 3721, Londres, WC1 3XX).

Stewart, R. J., *The fortunate isle* (uma suíte para saltério, orquestra e coro).
Stewart, R. J., *The journey to the underworld psaltery music.*
Stewart, R. J., *The unique sound of the psaltery.*
Stravinsky, I., *Le sacre du printemps* (regido pelo próprio Stravinsky), CBS 72054.
Rituais tântricos, *Music of Tibet*, Library of Congress Recordings.
Watkins, David, *Music for harp*, RCA 5087.
Vaughan, Williams R., *A pastoral symphony*, RCA SB6861 (LSC 3281).
Vaughan, Williams R., *The sons of light*, Lyrita SRCS 125.

Os seguintes selos de gravadoras possuem um farto repertório de músicas étnicas e pouco comuns:

Ar Hooli, Folkways, Harmonia Mundi, Le Chant du Monde, Lyrachord, Ocara, Rounder e Topic.

Muitas gravações do campo de música tradicional de todo o mundo podem ser encontradas na Biblioteca do Congresso dos Estados Unidos, nos arquivos sonoros da BBC e nos departamentos universitários especializados em música, antropologia, folclore e religião comparada.

Índice remissivo

Leia também

O TAO DA MÚSICA

Carlos D. Fregtman

Segundo uma concepção holística da realidade, a música se define em relação a outros sistemas mais amplos que a contêm e com os quais se inter-relaciona reciprocamente. Baseando-se nas mais recentes descobertas do campo da investigação ocidental e nos fundamentos da filosofia oriental, Carlos D. Fregtman não só sugere a existência de uma conexão íntima entre a consciência e a música, mas também entre todas e cada uma das partículas do Universo. Os reveladores conceitos que apresenta neste livro — baseados em mais de dez anos de pesquisas em laboratórios de som, sessões de musicoterapia e experiências transpessoais com música — constituem um documento único em seu gênero.

No momento em que o mau uso da tecnologia atenta contra a vida no planeta, em que o homem perde a noção de totalidade e se concentra apenas numa porção de si mesmo, em que a sensação generalizada que temos é a de ser um "ego separado, metido numa bolsa de pele", em que seres brutais negam os direitos de seus semelhantes, é preciso redescobrir as leis do equilíbrio e da harmonia da vida. Nossos limites não são as nossas fronteiras físicas, mas as nossas redes de mensagens, que deverão entrecruzar-se infinitamente para criar a trama cósmica de um futuro no qual reine o poder da consciência.

O Tao da música é o Tao do coração.

EDITORA PENSAMENTO

CORPO, MÚSICA E TERAPIA

Carlos D. Fregtman

A partir de uma óptica de integração, consolidada por uma vasta experiência clínica, o autor, como um cartógrafo, explora ou mapeia neste livro o campo da relação som/ser humano no processo terapêutico e desenvolve, entre outros, os seguintes temas: função do som e do movimento, sentimentos reprimidos e catarse, instrumentos sonoros e comunicação não-verbal, criação de clima, múltiplas técnicas de abordagem no tratamento da psicose, laboratório de formação para terapeutas, corpo e identidade grupal e o papel da emoção.

Esta obra, que apresenta farto material com exemplos esclarecedores de patologias graves, culmina com a análise de um fragmento de sessão de musicoterapia a partir de três leituras possíveis dos fenômenos: interacional, psicodinâmica e social. Incluem-se também comentários e opiniões de dois grupos de pacientes acerca de suas próprias vivências com esse tipo de tratamento.

Seguindo um modelo de trabalho que é, fundamentalmente, uma forma criativa de jogo, o terapeuta mergulha numa realidade carregada de significados ancestrais, propondo uma liberação dos sentidos e uma recuperação de formas de relacionamento anteriores à formação do símbolo como geradoras e veiculadoras de estados emocionais.

Corpo, música e terapia constituirá, sem dúvida, um aliado valioso para os adeptos de um desenvolvimento orgânico da dinâmica do conflito do paciente através de diversas técnicas que permitam sua expressão e elaboração nos múltiplos planos em que se manifesta a comunicação humana.

EDITORA CULTRIX

JUNG, SINCRONICIDADE E DESTINO HUMANO

Ira Progoff

Nenhum outro livro apresenta os conceitos de sincronicidade e o psicóide, e suas várias manifestações em fenômenos tão diferentes como os sonhos, o I Ching *e as teorias de Teilhard de Chardin, com tanta clareza e com tão convincente senso de inevitabilidade.*

C. G. Jung Foundation

A teoria da sincronicidade, desenvolvida nestes últimos anos, é reconhecidamente uma das áreas de estudo mais originais e de longo alcance da psicologia junguiana. Segundo Jung, as experiências sincrônicas exemplificam uma dimensão da experiência humana que fica além do âmbito explicado pelo raciocínio convencional de causa e efeito.

Em *Jung, sincronicidade e destino humano*, Ira Progoff, intérprete vanguardista da obra de Jung, oferece um debate fascinante e lúcido sobre a sincronicidade e suas implicações na compreensão da humanidade. Definida de modo bem simples, a sincronicidade acontece quando a condição interior psíquica da pessoa e um evento externo ocorrem simultaneamente de um modo significativo. Conquanto experiências desse tipo sejam constantemente desmistificadas como coincidência ou sorte, a teoria junguiana sugere que "coincidências significativas" demonstram uma dimensão antes inaceitável da experiência humana.

Embora acontecimentos sincronísticos não possam ser causados ou evitados conscientemente, podemos nos tornar mais sensíveis à sua ocorrência. A interpretação concisa e coerente de Ira Progoff da obra de Jung sobre o tema destina-se a capacitar-nos a reconhecer e a usar a sincronicidade na nossa vida e no nosso trabalho.

Concebido originalmente e discutido com o próprio Jung, o livro *Jung, sincronicidade e destino humano* reproduz alguns dos seus comentários manuscritos.

* * *

Ira Progoff é o criador de um método amplamente divulgado de desenvolvimento pessoal, o *Intensive Journal Method*, e é diretor da *Dialogue House*, instituição onde esse método é praticado.

EDITORA CULTRIX

ADIVINHAÇÃO E SINCRONICIDADE

Marie-Louise von Franz

Marie-Louise von Franz, durante muitos anos colaboradora de C. G. Jung, é uma conhecida autoridade na interpretação psicológica de contos de fada, sonhos, mitos e alquimia. Neste livro, que teve origem numa série de palestras feitas no Instituto Jung de Zurich, ela volta sua atenção para o significado do irracional.

Com penetrante perspicácia, a autora examinou o fundo psicológico do tempo, do número e dos métodos de adivinhação, como o *I Ching*, a astrologia, as cartas do Tarô, a quiromancia, os dados e os padrões aleatórios etc. Contrastando as atitudes científicas do Ocidente com a dos chineses e a dos chamados primitivos, ela explica e ilustra as idéias de Jung sobre arquétipos, projeção, energia psíquica e sincronicidade.

Mais do que qualquer outro autor desta área, Marie-Louise tem a habilidade de basear suas teorias psicológicas em exemplos práticos da vida diária, o que torna a sua obra acessível tanto ao leigo como ao terapista profissional.

* * *

Este volume é o primeiro de uma série de estudos sobre Psicologia Junguiana feita por analistas junguianos.

EDITORA CULTRIX